상위 5퍼센트는 어떻게 리드하는가?

상위 5퍼센트는
어떻게 리드하는가?

고시카와 신지 지음
김정환 옮김

 밀리언서재
Million Publisher

그들은 어떻게 말하고 행동하는가?

AI가 찾아낸 미래의 리더

현대 경영학의 창시자 피터 드러커는《프로페셔널의 조건》
에서 "리더십이란 조직이 수행해야 할 임무와 목표를 생각하고
이루어내는 것이다"라고 했다.

대부분의 사람들은 리더십을 조직에서 팀을 이끄는 관리직
에게 필요한 것이라고 생각한다. 하지만 그렇지 않다. 리더십
이란 누구나 갖추어야 할 '마인드셋'이자 '실행력'이다.

지시받은 임무를 수행하는 사람은 조직에서 성실하고 일 잘
한다는 평가를 받을지도 모른다. 그러나 지금처럼 급변하는 상
황에서 어떤 행동이 '정답'인지 알 수 없는 시대에는 '지시받은
것만을 하는 사람'이 오히려 골치 아픈 존재가 된다.

노동시간의 상한선이 법적으로 정해져 있고 출근하는 것조차 제한되는 상황에서도 지속적으로 성과를 내려면 스스로 안테나를 높이 세우고 먼저 움직여야 한다. 그렇지 않으면 금방 뒤처지고 쇠퇴한다.

어떻게 해야 외부의 변화를 받아들이고 유연하게 헤쳐 나갈 수 있을까? 코로나 팬데믹 상황에서 직장인의 81퍼센트가 '어떻게 살아갈 것인가?'와 '일하는 것의 의미'를 고민하고 있다고 한다(2020년 12월, 2만 8천 명 대상, 크로스리버 조사). '출근 = 일하는 것'이 아니라 '일하는 것=가치를 발휘하는 것'임을 알게 되었지만, 의식을 바꾸는 것만으로는 변화에 대응할 수 없다.

보통 리더라고 하면 '관리자'라고 여기는 경우가 많은데 이것은 옳지 않다. 애초에 나는 관리자라는 말을 좋아하지 않는다. 물론 직원들의 노동시간이나 건강, 의욕을 관리(매니지먼트)하는 것도 중요하다. 다만 이것은 과거를 관리한다는 의미가 강하다.

중요한 것은 과거가 아니라 미래다. 앞으로 어떤 세상이 될까? 앞으로 어떻게 일해야 더 나은 성과를 올릴 수 있을까? 조직의 경영진과 현장의 중간관리직들은 미래 지향적으로 이런 것들을 고민해야 한다.

함께 일하고 싶은 리더는 무엇이 다른가?

지금까지 800개가 넘는 회사, 17만 명에 이르는 사람들을 대상으로 일하는 방식을 혁신하는 것을 도왔다. 그 과정에서 '이런 사람이 진짜 리더지!', '이 사람 밑에서 일해보고 싶다!'는 생각이 드는 인물들을 만났다.

그런 리더들의 공통점은 의식이 회사의 외부를 향해 있다는 것이다. 그들은 회사 내부의 닫힌 환경에 틀어박혀 있지 않고 안테나를 높이 올려 넓은 시야로 회사 전체를 바라보는 사람들이었다. 그리고 정확도 70퍼센트에 이르는 정보를 입수해 즉각 행동으로 옮겼다.

회사 내부에서는 괴짜로 불릴 만큼 주위 사람들과 다른 행동을 할 때도 있었다. 일부러 천천히 걷기도 하고, 이상하게 맞장구를 치는가 하면, 바쁘게 돌아가는 업무 환경에서 한가한 것처럼 보이기도 했다. 회사 사람들은 남들과 다른 그들의 행동을 보면서 종종 "괴짜가 따로 없네"라는 말을 했다.

그러나 가장 특이한 것은 성격이나 언동이 아니라 성과였다. '특출한 성과를 내는 사람'을 넘어서 '특출한 성과를 지속적으로 내는 조직을 만드는 사람'인 것이다. 뛰어난 리더는 혼자가 아니라 팀과 함께 복잡한 과제를 계속해서 해결해나간다. 에이스 역할을 하던 인재가 갑자기 팀을 이탈하는 사태가 벌어져도 팀 자체의 능력이 떨어지지 않도록 했고, 무엇보다 팀원들이 항상 일하는 보람을 느낄 수 있도록 만들었다.

일하는 방식을 혁신할 때 도달해야 할 궁극적인 목표는 '회사의 성장과 사원의 행복'이라고 믿는다. 이 2가지를 모두 충족할 수 있는 리더야말로 앞으로의 시대에 최적화된 인재이다.

2020년 출간한 《AI 분석으로 발견한 상위 5퍼센트 사원의 습관》은 기대 이상의 판매량을 기록하며 해외 출판도 결정되었다. 하지만 이 책은 코로나 팬데믹 이전의 조사 결과를 바탕으로 쓴 것이다. 내가 대표로 있는 크로스리버는 그 후에도 조사와 분석을 계속해왔다.

코로나 팬데믹으로 대면 조사가 제한되었지만, 텔레워크(telework, 정보통신 기술을 활용해 장소에 상관없이 일하는 것)나 온라인 회의 등 행동 이력을 디지털 방식으로 입수하기가 쉬워진 덕분에 대량의 데이터를 모을 수 있었다.

크로스리버는 조사와 컨설팅뿐만 아니라 사원을 대상으로 한 온라인 연수도 제공하고 있다. 2020년부터 2021년에 가장 많이 요청받은 연수는 관리직과 젊은 사원들을 대상으로 하는 리더십 연수였다. 텔레워크가 일반화되는 가운데 인간관계를 원활하게 유지하면서 멀리 떨어져 있는 팀원들과 함께 일하는 것에 어려움을 느끼는 사람들이 많다.

이 책은 미래를 향해 앞서 나가는 리더의 진정한 모습, 위드 코로나 속에서도 코로나 이전보다 더 높은 성과를 지속적으로 내고 있는 리더의 행동을 분석하고 책으로 정리한 것이다.

급변하는 시대를 헤쳐 나가려면 행동할 수 있는 선택지를 늘려야 한다. 비가 내리면 늘 이용하던 자전거가 아니라 버스로 이동하고, 대사 증후군이 걱정되면 당질 제한 식사를 한다. 이와 마찬가지로 '코로나19 바이러스가 만연한다면 텔레워크'라는 새로운 일하는 방식으로 사업을 계속할 수 있다.

이렇게 행동할 수 있는 선택지를 늘리려면 다양한 행동을 많이 해보고 자신의 것으로 만들어야 한다. 작은 행동들을 거듭해보면서 '의외로 괜찮은 선택지'를 발견할 때 비로소 행동의 변혁을 실현할 수 있으며, 그 결과 의식도 바뀌게 된다.

하지만 혼란스러운 세상에서 이런저런 행동을 실험하느라 시간을 허비할 수는 없다. 더구나 정년퇴직을 앞두고 있는 상사는 일하는 방식을 혁신하는 데 소극적이다. 그래서 인사 평가 상위 5퍼센트 안에 드는 리더들이 어떻게 말하고 행동하는지를 알아보고 그들을 따라 함으로써 특출한 성과를 낼 수 있다고 생각했다.

전작과 마찬가지로 이번에도 AI 서비스를 사용해 4개 회사에서 대량의 데이터를 수집하고 분석했다. 미리 말해둘 것은 이 책은 연구 논문이 아니라 일하는 방식에 대해 고민에 빠져 있는 사람들에게 지름길을 알려주는 안내서라는 점이다. 따라서 실천하기 쉬운 행동과 성과를 내는 데 효과적인 업무 기술을 정리했다. 직접 행동해보고 결과를 분석하려면 1,400시간이 넘게 걸리지만, 몇 시간만 투자해서 이 책을 읽으면 그와 같은 지식과 견해를 얻을 수 있다.

이 책의 목적은 '아는 것'이 아니라 '할 수 있게 되는 것'이다. 그러나 처음부터 전부 다 실천하려고 해서는 안 된다. 경험하지 못한 것을 불편하게 느끼고 거부하는 것은 인간의 본능이다. 그러니 마음을 열고 미지의 경험에 조금씩 다가가 보기 바란다. 두려워할 필요는 없다.

이 책을 다 읽고 난 뒤에는 무엇이든 좋으니 작은 것부터 실천해보자.

우연한 만남을 필연으로 만드는 것, '의외로 괜찮은데?'라고 생각하게 만드는 것이 이 책의 목표이다. 이 책을 통해 한 명이라도 더 많은 사람들이 변화를 즐길 수 있기를 진심으로 기원한다.

고시카와 신지

PART
07 상위 5퍼센트 리더의 **파급력**

PART
01

상위 5퍼센트와
나머지 95퍼센트의
결정적 차이

상위 5퍼센트 리더를 어떻게 발견했는가?

나는 20년 전 통신 관련 대기업의 인사부에서 근무한 이후로 사람들이 일하는 방식에 관심을 가지고 깊이 연구해왔다. 지난 20년을 되돌아보면 일본 정부가 일하는 방식을 개혁하기 위해 관련 법안을 정비하고 코로나 팬데믹 속에서 텔레워크가 본격화되는 등, 지금만큼 경영진이 인재 관리를 적극적으로 혁신한 시기가 없었다.

대부분의 회사는 사원 평가 방식으로 S, A, B, C, D와 같은 5단계 평가 시스템을 채용하고 있는데, 10퍼센트 정도가 최상위 평가 등급인 S를 받는다. 그리고 최상위 등급 중에서도 특출한 성과를 내는 인재들이 'SS급'이다. SS급의 인재는 어떤 한 해에만 특출한 성과를 내는 것이 아니라 특출한 성과를 지속적으로 내는 사람이다. 3년 연속으로 매출 목표를 120퍼센트 이상 달성한다거나, 인사 이동을 해도 평가 등급이 전혀 떨어지지 않고 높은 성과를 유지한다.

많은 기업이 성장주의에 따라 성과 중심의 고용으로 이행하는 가운데, 인품이 훌륭하다든가 상사에게 사랑받는다든가 하는 기준이 아니라 성과를 기준으로 꾸준히 최고의 평가를 받으며 회사 안팎에서 인정받는 사람이 각 회사의 인사 평가 상위 5퍼센트에 들어가는 인재들이다.

AI가 주목한 상위 5퍼센트 인재

기술의 발전으로 '일하는 사람'의 말과 행동, 성과물이 디지털 데이터로 축적되고 있다. 일에 대한 만족도나 보람 등의 감정도 수치로 나타낼 수 있게 된 것이다. IT 도구를 사용해 온라인 미팅을 하는 것은 물론 팀원들이 팀장에게 의견을 내고 곧바로 피드백을 받는 일도 온라인으로 가능하다. 겉으로 드러나지 않던 것들이 가시화되고 정량적으로 측정할 수 있게 되자 패턴화가 가능해졌다.

예를 들어 이메일이나 메신저, 전화나 온라인 회의 등을 통해 축적된 디지털 데이터를 AI 전문가가 분석하면 특출한 성과를 지속적으로 내는 사람들의 공통점을 발견할 수 있다. 이를 통해 각 기업의 상위 5퍼센트 사원과 그렇지 못한 사원의 말과 행동이 어떻게 다른지도 알 수 있다. 상위 5퍼센트 사원과 상위 5퍼센트 리더의 차이를 추출하는 것도 가능하다.

지금까지 805개 회사를 컨설팅한 우리 회사는 이 디지털 데이터의 축적과 분석에 주목하고 새로운 시도에 적극 공감한 25개 기업과 함께 데이터 수집과 재현 실험을 실시했다. 표본으로 삼은 사원의 수는 1만 8천 명에 이른다. 그 결과 2020년에 간행한 책이 《AI 분석으로 발견한 상위 5퍼센트 사원의 습관》이다.

이번에는 코로나 팬데믹 이후에 일어난 변화를 감안해 사원이 아니라 리더에 주목해서 조사를 실시했다.

대상 기업들의 '상위 5퍼센트 리더' 1,841명과 일반 리더 1,715명을 대상으로 대면 및 원격을 통한 인터뷰와 온라인 설문조사 등을 조사했다. 그 결과 5퍼센트 리더는 사람들의 이야기를 귀담아들으며 변화에 유연하게 대응한다는 공통점이 있음을 발견했다. 항상 변화를 감지하고 그 변화에 대응하는 자세를 가지고 있는 것이다.

그러면 다음 장에서는 실제로 어떤 분석 방법을 사용했는지 소개하겠다.

AI가 발견한 상위 5퍼센트 인재의 공통점

AI의 6단계 행동 분석

내가 대표로 있는 크로스리버는 일반에게 제공되는 IT 서비스, AI 서비스를 복합적으로 조합해 활용함으로써 다양한 종류의 분석을 실시하고 있다. 다음은 6단계 분석 방법이다.

| 제1단계 : 데이터 취득 |

먼저 대상이 되는 상위 5퍼센트 리더와 관리직의 행동 데이터를 축적한다.

- 온라인 회의 녹화 데이터
- 애플리케이션 이용 이력

- 캘린더 등의 그룹웨어 이용 이력
- 클라우드 서비스 이용 이력
- 업무용 메신저 대화 이력
- 이메일 송수신 이력
- 작성한 자료 파일
- 인터뷰 녹음 데이터
- 다양한 온라인 설문조사 결과
- 일하는 보람에 관한 진단 결과
- 과거 5년 동안 인사 평가
- 사내 이동 이력⋯⋯

위와 같은 디지털 데이터를 클라우드에 보존한다.

| 제2단계 : 데이터 변환 |

음성 데이터는 구글 음성 인식(Speech to Text API)을 사용해 문자 데이터로 변환한다. 일부는 온라인 어시스턴트를 사용해 변환한다.

| 제3단계 : 데이터 조사, 전처리 |

AI 분석을 실시하기 전에 데이터의 양과 정확도를 확인한다. 또한 불필요한 데이터나 인식 불가능한 데이터를 제거하고 오입력 또는 오변환이 없는지 확인하고 수정한다. 제3단계는 대부분 사람이 직접 작업한다.

| 제4단계 : 텍스트 마이닝 |

문자 데이터와 문자화된 음성 데이터는 텍스트 마이닝(Text Mining, 데이터를 통해 의미 있는 정보를 추출하는 과정)을 통해 자연어 처리를 해서 자주 등장하는 단어나 특징적인 단어를 추출한다.

교차 집계나 상관 분석, 다변량 분석을 통해 5퍼센트 리더의 특징을 다각도로 분석한다.

상관도와 2차원 맵을 통한 텍스트 분석

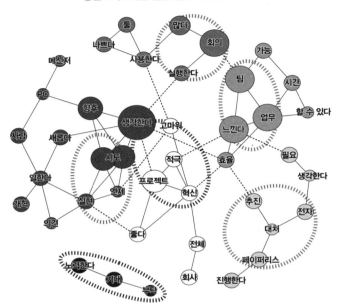

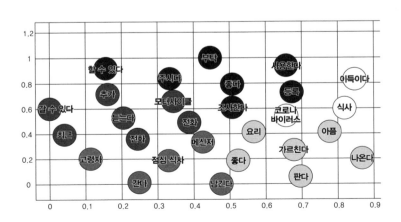

| 제5단계 : 감정 분석 |

AI 서비스인 인지(Cognitive) API와 감정 인식(Emotion) API를 활용해 인터뷰나 회의의 녹화 데이터를 8종류의 감정으로 분류한다.

이것을 바탕으로 긍정적인 감정일 때 발언한 내용, 분노를 느꼈을 때 하는 말 등을 확인하고 텍스트 마이닝 결과에 맞춰 복합적으로 분석한다.

| 제6단계 : 모델링 |

AI의 머신러닝(Machine Learning, 기계 학습)을 활용해 상위 5퍼센트 리더의 행동 패턴과 행동 규칙을 발견한다(특징 추출). 동시에 일반 리더나 일반 사원, 상위 5퍼센트 사원의 특징도 추출해 각 모델의 차이를 명확히 밝힌다.

이러한 6단계 방법과 프로세스를 거쳐서 정리한 것이 '상위 5퍼센트 리더의 습관'이다.

감정 분석 애플리케이션(크로스리버 제작)

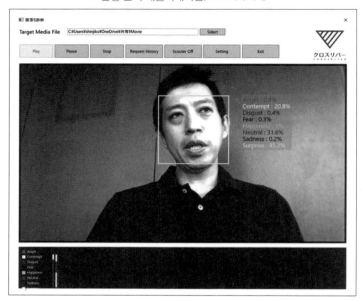

모델링의 이미지

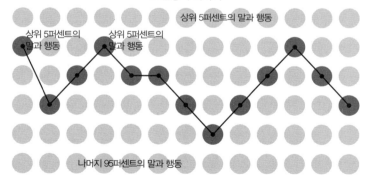

상위 5퍼센트의 말과 행동

상위 5퍼센트의
말과 행동

상위 5퍼센트의
말과 행동

나머지 95퍼센트의 말과 행동

지속적으로 성과를 내는 사람들

2020년에 간행한 《AI 분석으로 발견한 상위 5퍼센트 사원의 습관》은 코로나19 바이러스가 만연하기 이전의 4년 동안 (2016~2020년) 실시했던 조사 결과를 바탕으로 한 것이다. 이 책은 많은 독자들의 지지를 받았고, "우리 회사도 조사해주십시오"라고 의뢰한 기업도 있었다.

그 후 코로나 팬데믹이 시작되면서 일하는 방식이나 환경이 기존과는 크게 달라지자, '커다란 변화에 유연하게 대응하면서 지속적으로 성과를 내는 사람의 특징을 분석'하기 위해 조사를 계속했다.

결과적으로 27개 기업의 협력을 얻어 1,400시간 이상에 걸친 행동 이력을 수집했다. 관리직 중에 상위 5퍼센트 리더 1,841명과 일반 리더 1,715명을 합쳐서 3,556명의 도움을 받았다.

상위 5퍼센트 사원을 조사했을 때처럼 대면 인터뷰를 할 수 없는 상황인 데다 긴급 사태 선언과 방역 조치로 운신의 폭이 좁아진 기업도 많았지만, 고맙게도 모든 기업이 적극적으로 조사에 협력해주었다.

전작과 마찬가지로 누가 상위 5퍼센트인지는 공개하지 않은 채 크로스리버의 컨설턴트 8명이 조사를 계속했다. 대면 인터뷰가 불가능한 만큼 마이크로소프트의 화상 회의 프로그램 팀즈(Teams)와 줌(Zoom)을 사용해 온라인으로 인터뷰를 실시했다. 또한 조사 대상자가 참가하는 온라인 회의 녹화 데이터와 메신저 이력도 수집했다.

디지털 데이터는 취득하기가 쉽고 편리한 반면 클라우드 서비스의 장애로 녹화되지 않는 등의 문제도 발생했다. 무엇보다 인터뷰에 협력해준 대상자의 희로애락을 파악하기 어려워서 상대방의 표정이나 기분을 신경 쓰며 이야기를 들어야 했다.

기술의 발전이 이끌어낸 발견

또한 기술의 발전으로 되레 피곤했던 사례도 있었다. 예를 들어 마이크로소프트 애저(Azure)의 인지 API 등은 매달 인식률이 개선되기 때문에 시간이 걸리는 조사에서는 전반과 후반의 결과가 다르게 나오기도 했다. 그 차이를 찾아내기 위해서는 사람의 꾸준한 작업이 필요했다.

물론 기술의 발전으로 효율적인 작업도 많았다. 인터뷰 녹음 데이터를 문자로 변환하는 음성 인식 API의 발전도 빨라서 1년 전에는 오탈자를 사람이 일일이 찾아내서 수정해야 했는데, 그 작업이 상당 부분 줄어들었다.

가장 힘들었던 점은 전작 《AI 분석으로 발견한 상위 5퍼센트 사원의 습관》이 베스트셀러가 됨에 따라 이번 조사에 흥미와 관심을 가진 사람들이 늘어났다는 것이다. "분석 메커니즘을 가르쳐주세요" 또는 "제가 상위 5퍼센트인지 알려주세요"라는 의뢰가 늘어나서 이에 대응하는 데 많은 시간을 소비했다. 조사 자체에 관심이 쏠려서 그런 대응을 하는 시간이 크게 늘어난 것은 예상 밖의 상황이었다.

특히 사람이 하는 수작업은 생각했던 것 이상으로 스트레스가 많았다. 기한을 맞추기 위해 이른 아침에 눈물을 흘리며 작업하는 엔지니어도 있을 정도였다. 나 또한 이 조사를 반대하는 사람들에 대응하느라 고심했다. 경쟁사의 견제와 방해에 눈물이 날 것만 같았던 순간도 있었다.

그러나 협력해준 기업의 관계자 여러분과 크로스리버의 팀원들 덕분에 수많은 고난을 극복하고 전보다 많은 데이터를 수집할 수 있었다.

이런 고생을 함께하면서 하나의 성과를 만들어내는 가운데 강한 유대가 형성되었고, 이런 분들과 평생 관계를 유지하고 싶다는 생각이 들었다. 그리고 이처럼 힘든 경험을 함께하면서 관계가 깊어진 팀원들과 함께 미래를 만들어나갈 수 있다는 확신이 들었다.

리더십의 패러다임이 바뀌다

상위 5퍼센트 리더의 온택트 방식

코로나 팬데믹 이전에 실시했던 '상위 5퍼센트 사원'에 대한
조사 결과와 위드코로나 시대에 실시한 조사 결과에서 공통점
과 차이점을 각각 확인할 수 있었다.

또한 상위 5퍼센트 사원과 상위 5퍼센트 리더 사이에도 차이
점이 있었다. 이전에 조사했던 상위 5퍼센트 사원 중에 관리직
만을 추출해서 AI로 분석해보니 생각지도 못한 특징이 명백히
드러났다.

코로나 팬데믹 이후에 가장 크게 달라진 것은 커뮤니케이션
방법이다. 자기가 중심이 되는 '전달하는 커뮤니케이션'이 아니
라 상대가 중심이 되는 '전해지는 커뮤니케이션'을 실천할 때는

얼굴을 마주 봐야 커뮤니케이션 기술을 발휘하기가 훨씬 쉽다. 직접 만나지 못하고 온라인 회의 서비스를 이용하더라도 상대방이 웹 카메라를 켜지 않을 때는 상위 5퍼센트 리더도 커뮤니케이션에 상당히 애를 먹었다. 하지만 그들은 작은 행동 실험을 거듭하며 성공 패턴을 찾아냈다. 이런 노력과 행동 실험은 사실상 코로나 팬데믹 이전의 시대에는 필요 없는 일이었다. 코로나 팬데믹으로 새로운 과제가 생겨났지만 상위 5퍼센트 리더는 그것을 해결해나간 것이다.

이와 같은 어려운 상황 속에서 상위 5퍼센트 리더가 지향한 것은 '공감과 공동 창조'였다. 경제적 격차가 커지고 가치관의 양극화가 진행되는 상황에서 '공감과 공동 창조'는 앞으로의 주제가 될 것이다.

상위 5퍼센트 리더는 앞으로 '공감과 공동 창조의 시대'가 올 것을 일찌감치 감지하고 이미 행동으로 옮기고 있었다. 동정하는 것이 아니라 공감하고, 일방적으로 제안하는 것이 아니라 함께 궁리하는 행동 습관이 팀 내에 침투할 때 목표 달성으로 이어진다는 사실을 누구보다 잘 알고 있었던 것이다.

이 2가지를 지향하고 있는 상위 5퍼센트 리더는 내게 큰 영향을 줬다.

효율은 관계에서 나온다

코로나 팬데믹 이전에 상위 5퍼센트 리더는 철저히 효율을 중시하며 최단시간에 목표를 달성하는 것을 지향했다. 그러나 코로나 팬데믹 이후에는 텔레워크 등의 영향으로 다른 사람들을 참여시켜 함께 일하기가 어려워지고 팀원들의 가치관이 다양화됨에 따라 상위 5퍼센트 리더는 팀원들과 대화를 거듭하며 방향성을 맞춰나갔다.

코로나 팬데믹 상황에서도 지속적으로 성과를 내기 위해 팀원들과 대화를 나누면서 팀의 의의와 목적을 이해시키고자 최선을 다했다. 가장 효율성이 떨어지는 활동을 견실하게 이어나가고 있었던 것이다.

어느 상위 5퍼센트 리더는 "시간을 들여서라도 굳건한 인간관계를 형성하면 어떤 변화가 일어나더라도 협력 체제를 유지할 수 있습니다"라고 말했다.

또한 인간관계를 구축할 때 '약하게 연결된 관계'와 '강하게 연결된 관계'를 구분하고 있는 듯이 보였다. 팀원들과 심리적 안전감을 확보하면서 행동 목표를 설정하고 그것을 달성하기 위해 함께 나아가야 한다는 것을 늘 의식하고 있다. 때로는 성과가 동반되지 않거나 가치관의 차이가 드러날 때도 있지만 팀원들에게 미움받을 각오를 할 정도로 강한 정신력을 가지고 있다.

회사 외부의 핵심 인물이나 회사 내부의 이해관계자와는 강한 관계를 구축하려고 노력했다. 이와 관련해 상위 5퍼센트 리더는 "핵심 인물과 관계를 구축해 형세를 유리하게 만들려고 합니다", "비즈니스에서 커다란 성과를 내기 위해 핵심을 파악하려 노력합니다"라고 말했다. 이것은 윗사람에게 아부하는 행동이 아니라 비즈니스의 핵심을 이해하고 효율을 지향하기 위한 것이다.

텔레워크가 진행되는 가운데 '우연한 만남'의 기회가 줄어들고 있다. 상위 5퍼센트 리더는 영향력 있는 사람과 연결되어 그 사람을 기점으로 더욱 관계를 확대해나가야 한다는 것을 늘 의식하고 있다. 이것은 강한 연결을 기반으로 약한 연결을 확대해나가는 전술이다.

팀의 능력치를 끌어올리는 법

상위 5퍼센트 사원과 상위 5퍼센트 리더의 결정적인 차이는 달성해야 할 목표의 수준이다.

상위 5퍼센트 사원은 커다란 목표를 해결하기 위해 주위 사람들을 끌어모아 팀플레이를 하지만 어디까지나 개인의 목표를 달성하기 위한 것이다. 그들이 중요하게 여기는 것은 팀 전체의 성과가 아니다.

반면 상위 5퍼센트 리더는 팀의 목표를 달성하는 것만을 생각한다. 물론 리더 자신의 평가를 높이는 것도 염두에 두고 있지만, 최우선적으로 이뤄야 할 것은 개인이 아니라 어디까지나 팀의 목표이다. 그리고 개인의 목표 달성을 지향하는 상위 5퍼센트 사원과 달리 더 큰 조직의 목표를 달성해야 하는 상위 5퍼센트 리더에게는 팀원의 협력이 반드시 필요하다.

애초에 업무 처리 능력이 뛰어난 팀원이 리더로 발탁되는 경우가 많기에 자신의 능력이나 노력으로 팀의 목표를 달성하려 하는 리더가 많다. 그러나 회사가 개인의 능력이나 노력만으로 달성할 수 있는 쉬운 목표를 팀에게 부여할 리 없다. 개인의 힘으로는 불가능한 목표를 이루기 위해 유능한 리더가 이끄는 하나의 팀을 구축하는 것이다.

그래서 상위 5퍼센트 리더는 자신의 팀원에게 틀림없이 재능(능력)이 있다고 믿고 어떻게 티칭(teaching)과 코칭(coaching)을 해야 그 재능을 끌어낼 수 있을지 궁리한다. 모든 것을 완전하게 관리할 수는 없음을 알고 있으므로 팀원들에게 자유와 책임을 부여하고 자발적으로 행동하게 함으로써 리더 자신의 관리 부담을 줄이려고 한다.

그리고 많은 상위 5퍼센트 리더가 "팀원들이 나보다 고객이나 현장에 더 가까이 다가가 더 많은 정보를 접할 수 있고 업무 기술도 뛰어납니다"라고 대답했다. 상위 5퍼센트 리더는 혼자서는 달성할 수 없는 커다란 목표를 달성하기 위해 그때까지 쌓아왔던 자신의 능력이나 경험을 포기하는 것이다. 사실은 리더의 이런 '포기한다'는 행위가 팀의 결속력을 낳으며 그것이 팀원 개개인의 자주성을 키운다.

상위 5퍼센트 리더가 이끄는 팀원들은 서로의 강점은 강화하고 약점은 보완함으로써 1×1을 3, 나아가서는 5로 만드는 것이다.

성과를 내는 플랫폼을 구축하라

작은 습관이 지속적인 성과를 가져다준다

'상위 5퍼센트 사원의 습관'은 우리의 컨설팅 활동에도 활용되고 있다. 우리 회사는 각 기업의 인재 육성 계획과 조직 편성 기획 입안, 인사 평가 제도의 개선 등에 상위 5퍼센트 사원의 습관을 도입했다.

상위 5퍼센트 사원이 추진하던 '45분 회의'나 '파워포인트 자료 작성법' 등도 강연이나 강좌를 통해 많은 사람들에게 소개했다. 그리고 상위 5퍼센트 리더의 습관도 178개 기업에서 신임 관리직 연수나 젊은 사원을 대상으로 한 리더십 연수 등에서 소개했다.

그중 78개 기업에서는 리더십 연수를 여러 차례 개최해 지속적으로 성과를 내는 새로운 리더를 육성하는 데 힘썼다. 이번 조사를 통해 다음과 같은 체계화된 행동 습관을 78개 기업의 리더 1,408명에게 적용했다.

- 시간과 마음의 여유를 만들어내기 위한 시간을 만든다.
- 주 1회 15분 자기성찰 시간을 설정한다.
- 입꼬리를 2센티미터 올리고 이야기한다.
- 고개를 끄덕일 때는 2센티미터 이상 크게 움직인다.

물론 이 모든 행동 습관이 성과로 이어진 것은 아니다. 이야기를 짧게 정리하는 능력이나 상대방의 희로애락을 느끼는 능력은 하루아침에 익힐 수 있는 것이 아니기 때문이다. 그러나 자신이 아니라 상대방을 중심으로 생각하고 자신의 마음을 상대방에게 전달하는 커뮤니케이션 기술은 의식적으로 흉내 낼 수 있다. 또한 "심리적 안전감을 확보하시오"라는 것보다 "사내 회의에서 처음 2분 동안 잡담을 나누시오"라고 구체적인 방법을 알려주는 편이 행동으로 옮기기 더 쉽다.

수많은 시행착오를 거듭한 결과 2개월에 걸쳐 상위 5퍼센트 리더 육성 프로그램에 참가한 1,408명 가운데 91퍼센트가 '매우 만족' 또는 '만족'이라고 답변했다. 그리고 리더 육성 프로그램이 종료되고 2개월 후에 변화된 행동이 정착되어 성과가 나타나고 있는지 확인했다. 그 결과 무려 참가자의 89퍼센트가 현장에서 효과를 실감했다고 대답했다.

개중에는 행동을 바꾸지 않은 사람도 있지만 참가자 대부분이 프로그램 종료 이튿날부터 행동을 바꾸고 자기성찰 시간 등을 통해 행동 변화를 정착시키는 데 성공하고 성과를 높일 수 있었다.

성공 방식보다 실패율을 줄인다

각 기업의 인재 육성 담당자들은 매우 적극적이고 호의적으로 리더 육성 프로그램을 자사에 수평적으로 전개하는 데 적극적으로 협력해주었다. 또한 프로그램 종료 후에 추적 조사를 하는 데도 상당한 시간을 할애해주었다.

상위 5퍼센트 리더를 양산하는 시스템이 갖춰진 것은 아니지만 "지속적으로 확실한 성과를 내기 위한 플랫폼의 기초를 마련했다"는 평가를 해주었다.

한 사람 한 사람의 힘을 결집해 조직으로 성과를 최대화하는 것은 모든 기업이 지향해야 할 자세일 것이다. 변화가 극심한 시대에는 지시받은 것만을 하는 것이 아니라 스스로 생각하고 행동하는 '자주적 조직'이 요구된다. 변화를 즉시 느끼고 유연하게 행동을 바꿔나가면 의식도 함께 바뀌는데, 이런 인재와 조직을 만들려면 적어도 4~5년은 걸린다. 그러나 각 기업의 상위 5퍼센트 리더가 가르쳐준 행동 습관을 참고하면 적어도 실패 확률을 낮출 수는 있다. 불필요한 도전이나 효과 없는 실험을 하지 않아도 되는 것이다.

물론 전부 재현할 수는 없지만 우수한 리더들이 가지고 있는 공통된 행동 습관을 따라 해보면 빨리 배워서 빨리 성과를 낼 수 있음이 증명되었다. 더 짧은 시간에 더 큰 성과를 내야 하는 시대에 행동할 수 있는 선택지가 늘어날수록 변화에 대응하기가 쉬워진다. (각 기업에서 실행한 수평적 전개의 내용과 결과는 PART 7 참고)

행동을 바꾸고
자기성찰 시간을 통해
행동 변화를 습관화하면
성과를 높일 수 있다.

PART 02

상위 5퍼센트 리더의
큰 성과를 내는
아주 작은 습관

상위 5퍼센트 리더가 천천히 걷는 이유

천천히 걸으며 사람들을 끌어들인다

코로나 팬데믹의 영향으로 사무실에 출근하는 대상자를 조사할 기회가 줄어들었다. 하지만 코로나19가 본격적으로 확산되기 이전인 2020년 1월부터 3월까지 5개 기업의 협력을 얻어 사무실에 카메라를 설치하고 조사를 실시했다. 책상 위뿐만 아니라 사람의 이동이 활발한 복도의 출입구 부근과 열린 공간에 360도 카메라를 설치해 사람들이 일하는 모습을 녹화했다.

그 결과 밝혀진 사실 중 하나는 이동 속도의 차이였다. 기계를 동원해 엄밀하게 측정한 것은 아니지만 명백히 빠른 걸음으로 이동하는 사람, 다른 사람보다 천천히 이동하는 사람을 검출할 수 있었다. 그리고 상위 5퍼센트 리더 중 59퍼센트가 평균보다 현저하게 천천히 이동한다는 사실을 발견했다.

이것은 전작인 《AI 분석으로 발견한 상위 5퍼센트 사원의 습관》과는 정반대의 결과였다. 상위 5퍼센트 사원은 성격이 급하고 걷는 속도도 일반 사원보다 빨랐다. 그래서 최단시간 목표 달성을 지향하며 비효율을 싫어하는 상위 5퍼센트 리더 또한 그들과 마찬가지로 성격이 급하고 걷는 속도가 빠를 것이라고 생각했다. 하지만 그들은 오히려 다른 사람들보다 천천히 걷고 있었다. 일반 리더 중에서는 평균보다 천천히 걷는 사람이 38퍼센트였으므로, 상위 5퍼센트 리더는 관리직 중에서도 상대적으로 더 천천히 걷는다는 사실을 알 수 있었다.

그 이유를 알아내기 위해 천천히 걷는 상위 5퍼센트 리더를 직접 만나 이야기를 들었다. 다른 사람보다 천천히 걷고 있다는 사실을 알리자 그 리더는 "그런 것까지 조사합니까?"라며 놀라더니, "제가 천천히 걷고 있는 줄은 전혀 몰랐습니다"라고 대답했다. 다만 다른 설문조사에서 "의도적으로 시간과 마음의 여유를 가지려고 노력한다"고 대답한 상위 5퍼센트 리더가 58퍼센트였다는 점을 감안하면 이러한 생각이 걷는 속도에 반영된 것으로 보인다.

또한 상위 5퍼센트 리더는 자신이 주재하는 회의의 경우 반드시 예정된 시간 내에 끝났다. 다른 관리직보다 회의 중에 시간을 확인하는 횟수가 2.8배나 많았으며, 예정 시간을 엄수하는 것에서 한 발 더 나아가 되도록 예정보다 일찍 끝내려고 했다. 또한 많은 상위 5퍼센트 리더가 회의를 혁신하려고 노력했다. 사내 회의의 양과 질을 개선하려고 노력하는 사람이 일반 리더의 3배 이상에 달했다. 그들이 진행하는 회의의 혁신은 다음과 같은 것들이었다.

- 30분 정례회의를 25분으로 설정.
- 의사 결정을 위한 회의는 참가자 수를 최대한 줄인다.
- 회의를 시작할 때 의제와 각 참가자의 역할을 발표한다.

회의가 예정대로, 혹은 예정보다 일찍 끝나면 시간과 마음에 여유가 생긴다. 그런 것이 여유를 갖고 느긋하게 걷는 습관에 영향을 끼치는 것이 아닐까 생각된다.

인터뷰에서 알게 된 또 다른 사실은, 상위 5퍼센트 리더 중에는 의식적으로 엘리베이터가 아니라 계단을 이용하는 사람이 많다는 것이다. 그리고 계단을 오를 때는 걸음이 빨라졌다.

반면 사무실이나 복도에서는 천천히 걸었다. 이것은 상위 5퍼센트 리더가 일부러 천천히 걸으면서 팀원들이 부담 없이 말을 걸 기회를 만들고 있는 듯 보이기도 했다. 아무래도 팀원들은 미간을 찌푸리고 사무실을 빠른 걸음으로 이동하는 상사보다 여유 있게 천천히 걷고 있는 상사에게 "잠시 시간 좀 내주실 수 있을까요? 드릴 말씀이 있는데요"라고 말을 걸기가 더 쉬울 것이다. 상위 5퍼센트 리더는 이런 부분까지 계산하면서 행동하는 것이다.

짧게 말할수록 정보는 더 많이 쌓인다

발언 빈도는 높게, 시간은 짧게

이번 인터뷰와 상위 5퍼센트 리더의 일대일 미팅 모습을 분석한 결과, 58퍼센트는 발언의 빈도는 높지만 발언 시간은 짧다는 사실을 발견했다. 상대방의 대화를 이끌어내기 위해 귀 기울여 듣는 자세를 취하는 것도 특징적이었다. 실제로 이들은 자신이 말하는 시간보다 상대방의 이야기를 듣는 시간이 더 길었다.

상대방에게 잘 전달되려면 메시지를 간결하게 정리해서 이야기해야 한다. 반면 '꼼꼼하게 이야기하면 상대방에게 메시지를 확실하게 전할 수 있다'고 착각하는 관리직도 많다. 그러나 아무리 자세하게 설명한들 상대방에게 이야기를 들을 마음이 없다면 메시지는 전해지지 않는다. 그리고 긴 문장보다는 핵심 키워드로 의미가 더 빠르게 전달된다. 유행어를 보면 알 수 있듯이 짧은 말로 강렬한 인상을 주는 것이다.

상위 5퍼센트 리더는 설명할 때도 핵심을 간략하게 정리해서 재미있게 이야기한다. 그리고 '전달하는 것'을 목표로 하는 만큼 이야기하고 나서 상대방의 반응을 철저히 확인한다. 상위 5퍼센트 리더를 대상으로 실시한 인터뷰에서도 직설적이고 간결하게 응답해준 덕분에 예정했던 시간보다 일찍 끝난 경우가 많았다.

첫 한마디, 마지막 5분에 집중한다

상위 5퍼센트 리더는 처음 한마디에 혼을 담는다. 참가자 7,516명에게 회의가 끝나고 1시간 뒤 "어떤 부분이 가장 기억에 남아 있습니까?"라고 물었다. 그들은 가장 기억에 남는 부분으로 '마지막 5분'을 꼽았다.

사람들은 1시간 사이에 약 70퍼센트의 정보를 잊어버리므로 가장 최근의 시간대인 '마지막 부분'이 기억에 남는 것은 지극히 당연한 현상이다.

그런데 두 번째로 기억에 남는 부분을 묻자 69퍼센트가 '처음 시작할 때'라고 대답했다. 기억력의 측면에서는 마지막 부분, 인상적인 측면에서는 첫 부분이 잘 기억된다는 것이었다.

특히 첫 한마디는 강한 인상을 남기기 쉽다는 사실이 밝혀졌다. 그 밖에 다른 부분은 잘 기억하지 못하므로 처음과 마지막 부분에 에너지를 쏟아부으면 상대의 뇌리에 각인되기 쉽다는 것이다.

상위 5퍼센트 리더는 이 법칙을 무의식중에 이해하고 첫 부분에 에너지를 쏟아붓는다. 사실 또는 현상을 처음부터 담담히 설명하는 것이 아니라 그 사실을 통해 깨달은 점이나 참가자에게 가져다줄 이익 또는 손해에 관해 설명함으로써 주목을 끌어당기는 것이다.

영업 부문의 상위 5퍼센트 리더는 자기소개와 최후의 질의응답에 공을 들인다고 한다. 여기에서 자기소개는 자신의 소속 부서나 직함을 장황하게 이야기하는 것이 아니다. 상대방의 기억에 남기 쉬운 첫 부분에 자신의 소속이나 직함을 장황하게 설명하는 것은 너무나도 아까운 일이다.

상위 5퍼센트 리더 중에 직위가 높은 사람도 자신의 직함을 장황하게 설명하며 자신의 지위를 내세우지 않는다. 그렇다면

첫 부분에서 짧게 전한다

유능한 리더의 패턴

45초 정도 인사말을 통해 '상대방이 얻을 이익'과 '자신은 이 이야기를 전할 자격이 있음'을 설명한다.　상대에게 요구하는 행동을 정리해서 말한다.　질의응답이 길다.

유능하지 못한 리더의 패턴

자기소개　회사 소개　기능 설명　가격　질의응답

그들은 무엇을 이야기할까? 참가자에게 어떤 이익을 안겨줄 수 있는지부터 간결하게 설명한다.

"업무 효율을 향상할 수 있도록 앞으로 60분 동안 3가지를 확실히 정하겠습니다"와 같은 식으로 의의와 목적을 선언하고 숫자를 언급하면서 상대방의 기억에 남도록 간결하게 이야기한다.

첫 인사말에 힘을 쏟는 것은 2018년부터 2019년까지 인터뷰한 각 기업의 1등 영업 사원들도 마찬가지였다. 그들은 처음에 목소리 톤을 가다듬고 기대치를 조절하는 것이 고객의 구매 결정에 영향을 끼친다고 말했다.

이것은 영업뿐만 아니라 사내 회의도 마찬가지다. 시작할 때 의제를 명확히 밝히고 참가자의 역할을 재확인하면 참가자는 적당히 긴장하며 회의 중에 다른 업무를 보는 일도 감소한다는 사실이 밝혀졌다.

- 오늘의 의제는 3가지입니다.
- 첫 번째 의제에 관해서는 영업부의 스즈키 씨에게 의견을 듣고자 합니다.
- 두 번째 의제에 관해서는 토론할 것입니다. 개발부 요시다 씨도 의견을 말씀해주시기 바랍니다.
- 세 번째 의제의 의사 결정에는 영업부 야마다 씨도 반드시 적극적으로 참여해주시기 바랍니다.
- 마지막 질의응답 시간에는 각 부문에 대해 질문을 하나씩 받겠습니다.

이와 같이 동기부여를 하면 참가자들은 회의를 자신의 일처럼 여기고, 회의 시간에 딴짓하는 사람이 크게 줄어든다.

가장 기억에 남는 마지막 부분은 '정리'와 '질의응답'에 사용한다. 여기에서 '정리'는 설명한 내용을 정리하는 것이 아니라 상대방에게 어떤 행동을 요구할지를 정리하는 것이다. 또한 질의응답에서 참가자에게 질문하면 쌍방향 대화를 할 수 있다.

상위 5퍼센트 리더는 '정리 슬라이드'를 이용해서 상대방이 어떤 행동을 해야 하는지 간결하게 전하고 질의응답 시간을 길게 설정함으로써 상대방이 확실하게 행동하도록 만든다.

일대일 대화의 70 : 30 법칙

'간결하게 말하는' 것은 직원과 일대일 미팅을 할 때도 마찬가지였다. 일반 리더는 일대일 미팅을 할 때 자신이 70퍼센트를 말하고 직원에게 나머지 30퍼센트 정도 말할 기회를 준다. 그러나 상위 5퍼센트 리더는 직원에게 흥미와 관심을 가지고 간결한 질문으로 상대가 기분 좋게, 그리고 길게 이야기할 수 있도록 유도한다. 미팅 시간의 평균 67퍼센트 정도를 직원이 이야기하도록 이끌어가는 것이 특징이다.

상위 5퍼센트 리더는 직원이 자기 자신에 관해 생각할 시간과 여유를 주고, 그 결과 깨달은 점이나 배운 점을 마음껏 이야기할 기회를 준다.

"어떻습니까?"라고 시작부터 일방적으로 이야기를 들으려고 하는 것이 아니라 먼저 자신의 경험이나 감상을 가볍게 이야기한 다음 상대에게 의견을 묻는다.

"저는 ○○인데, 당신은 어떻습니까?"

이렇게 묻는다면 상대도 대답하기가 더 쉽다.

자신의 경험을 장황하게 늘어놓는 것이 아니라 어디까지나 상대방이 대답하는 데 어려움을 겪지 않도록 표본을 제시하는 것이다.

상대방이 부담 없이 대답할 수 있는 분위기를 만드는 동시에 어떤 식으로 대답해야 할지 몰라 고민하지 않도록 도움을 준다.

이처럼 상대방이 자발적으로 이야기할 수 있도록 이끌어줌으로써 일방적인 전달이 아닌 쌍방향 대화로 만들어나가는 것이다.

상위 5퍼센트 리더는 팀원보다 뛰어나지 않다

리더보다 뛰어난 팀원을 만든다

업무적으로 뛰어나고 유능한 사람이라고 해서 반드시 리더의 소양을 지니고 있는 것은 아니다. 혼자 업무를 수행해서 성과를 남기는 것과 팀 전체가 목표를 달성하는 것은 필요한 방법이나 기술도 다르다.

원래 리더는 팀원들보다 특별히 뛰어난 사람이 아니다. 지위나 능력이 높고 낮은 것은 중요한 문제가 아니며, 그저 역할과 책임 범위가 다를 뿐이다.

그런 까닭에 상위 5퍼센트 리더 중 48퍼센트는 "제 능력이 팀원 전원의 능력보다 뛰어날 필요는 없습니다"라고 대답했다. 현장에서 일하는 직원들이 스스로 생각하고 스스로 행동하는 조직을 지향하기 때문에 리더가 모든 것을 짊어질 필요는 없다는 것이다.

실제로 현장이나 고객, 시장과 가까운 위치에서 업무를 수행하는 직원들이 외부의 변화를 더 쉽게 받아들일 수 있으므로 역할 분담을 하는 것이 목표를 달성하는 데 더 유리하다.

상위 5퍼센트 리더는 자신의 업무 수행 능력을 높이려고 하지 않는다. 그보다는 팀 전체를 잘 운영해서 팀원들의 능력을 높이는 것이 자신의 책무라고 생각한다.

가령 입사한 지 얼마 안 된 직원은 업무에 관한 지식이나 업무 처리 능력이 다른 직원들보다 떨어질 가능성이 높다. 하지만 상위 5퍼센트 리더는 새로 들어온 직원뿐 아니라 다른 직원들도 모두 각각의 재능을 가지고 있다고 믿기 때문에 그들만의 남다른 재능을 찾아내 팀 내에서 부각시킨다.

팀원의 자기 긍정감을 높이는 것이 목적이 아니라 '일을 잘하는 사람은 대단하다'라는 모호한 규칙에서 벗어나게 하려는 것이다.

이것을 실현하기 위해서는 성선설에 입각해서 팀원들을 바라봐야 한다. 누구나 잘하는 부문이 있다고 생각하는 것이다. 잘하지 못하는 것에만 주목하면 서로 스트레스만 쌓일 뿐이다.

팀원의 약점을 보완하는 것이 리더의 역량

상위 5퍼센트 리더는 팀원의 강점에 주목하고 그것을 끌어올리는 데 힘을 쏟는다. 그런 가운데 팀원이 자신의 약점을 스스로 보완하게 할지 아니면 다른 팀원을 통해서 보완할지를 조정하는 것이 리더의 역할이라고 생각한다.

이때 위에서 내려다보는 시선으로 팀원을 대하면 상하 관계가 생기고 거리감이 커져서 허심탄회하게 이야기를 나눌 수 없다. 그래서 먼저 잡담과 상담을 나눌 수 있는 정도의 관계를 구축하려면 직원과 눈높이를 맞추고 수평적인 관계부터 만들어야 한다.

일반 리더들 가운데 "팀원들이 자신보다 뛰어나다고 생각하십니까?"라는 질문에 "아니오"라고 대답한 사람이 75퍼센트에 이르렀다. 분명 팀원들보다 능력이 뛰어난 부분도 있겠지만, 자신이 더 뛰어나다는 것을 드러낸다면 직원들이 거리감을 느끼게 마련이다.

팀원과 수평적인 관계를 구축하고자 하는 상위 5퍼센트 리더는 능력의 우열을 가리지 않는다. 팀원이나 자신에게 각각 나름의 강점과 약점이 있다는 전제하에 역할을 분담하고 절차탁

마(切磋琢磨, 옥이나 돌 따위를 갈고 닦아서 빛을 낸다는 뜻)하며 같은 방향을 향해 나아가려 한다. 이것이 바로 상위 5퍼센트 리더가 지향하는 '공감과 공동 창조'의 관계다.

과감한 결단을 내리지 않는다

해야 할 것보다 하지 않아야 할 것에 집중한다

리더가 되면 훨씬 더 많은 것을 결정해야 한다. 인원 배분이라든가 예산 관리, 다른 분야와의 연계나 사전 조정, 경영진에 대한 보고 사항 등을 차례차례 결정해나가지 않으면 일이 진행되지 않는다. 이러한 의사 결정을 회피하면 프로세스가 길어지고, 그 결과는 고스란히 현장에서 일을 수행하는 팀원들의 부담으로 돌아간다.

상위 5퍼센트 리더는 확실하게 의사 결정을 한다. 실현 가능성이나 투자 대비 효과, 영향력이나 중요성 등 복수의 평가축을 복합적으로 조합하고 흔들림 없는 신념에 따라서 결단을 내린다.

8천 시간에 이르는 온라인 회의의 녹화 영상을 살펴본 결과 일반 리더와 상위 5퍼센트 리더의 차이가 현저하게 드러났다. 동일한 조건은 아니지만 상위 5퍼센트 리더가 약 25퍼센트 더 많은 의사 결정을 내린 것이다. 상위 5퍼센트 리더는 다양한 안건에 대해 즉시 의사 결정을 해나갔다.

예를 들어 동일한 기업의 동일한 직책에 있는 리더가 같은 안건에 대해 의사 결정을 내리는 속도를 측정했다. 그 결과 상위 5퍼센트 리더는 다른 관리직에 비해 의사 결정 속도가 약 1.3배 빠르다는 사실이 밝혀졌다. 1.3배 정도는 오차 범위 이내라고 생각하겠지만, 이것이 축적되면 현장의 대기 시간이 줄어들어 효율이 향상된다.

특히 기존에 계속해오던 업무를 과감하게 없애버린다거나 중요도가 낮은 작업은 받지 않겠다는 결단은 현장에서 일하는 팀원들의 부담을 크게 줄여주었다. 상위 5퍼센트 리더는 이러한 사실을 누구보다 잘 알고 있었다.

상위 5퍼센트 리더는 "진행하자!"라고 결단을 내리는 동시에 "대신 이 일은 제외하겠다"라는 트레이드오프(tradeoff, 교환)를 한다. 어떤 일을 하겠다는 결정과 하지 않겠다는 결정을 동시에 하는 것이 상위 5퍼센트 리더의 특징이라고 할 수 있다.

이 세상의 모든 현상에는 수많은 변수가 따르게 마련이므로 리더는 그런 상황을 감안하면서 의사 결정을 해야 한다. 외부 환경이나 트렌드 등이 바뀌기 때문에 과거에 성공했던 프로젝트와 같은 방식으로 하더라도 같은 결과가 나오지 않는다.

다른 회사의 성공 사례를 똑같이 흉내 낸다고 해서 똑같은 결과가 나오지 않는 것과 마찬가지다. 물론 그렇다고 해서 과거의 경험을 무시하거나 완전히 무(無)의 상태에서 도전해야 한다는 의미는 아니다.

성공보다 실패하지 않기 위해 노력한다

상위 5퍼센트 리더는 될 대로 돼라는 식의 무모한 결단을 내리는 것이 아니다. 그들을 대상으로 인터뷰를 거듭한 결과 빠르게 의사 결정을 하되 성공 확률을 높이려 하기보다 실패 확률을 낮추려 한다는 것이 드러났다. '조금이라도 전망이 있다면 그것에 승부를 건다'는 식의 도박 같은 결정은 하지 않는다는 것이다.

그들은 급격한 변화의 시대에 성공하는 공식을 그대로 흉내 내서는 성과를 얻을 수 없다는 것을 잘 안다. 그보다는 과거에 실패한 사례를 깊게 파고들어 원인을 파악함으로써 같은 실패를 되풀이하지 않으면 결과적으로 성공에 가까워진다는 사실을 이해하고 있다.

상위 5퍼센트 리더는 일단 해보자는 식의 도전이 아니라 실패 확률을 낮출 수 있는 선택지를 고른다.

예를 들어 경쟁률이 높은 대형 프로젝트에 총력을 기울이기보다 작은 프로젝트 여러 개를 확실히 따낼 방법을 궁리하고, 성공 패턴이 아니라 실패 패턴을 더 많이 수집한다.

'그것은 왜 실패했는가?'를 깊이 파고들어서 실패의 근본적인 원인이 어디에서 발생하는지 메커니즘을 파악하려 한다. 첫 번째 원인에 도달하면 다시 그 원인이 왜 발생했는지를 파고든다. 그 결과 근본적인 해결책을 발견하지 못하더라도 같은 실패를 반복할 위험은 줄어든다.

실패 확률을 낮추려 하는 것은 결코 '도피적 행동'이 아니다. 아무것도 하지 않고 그저 기다리기보다 적극적으로 도전하고 실패 확률을 낮추며 앞으로 나아가는 것이 성공에 가까워질 수 있는 길임을 상위 5퍼센트 리더는 알고 있다.

상위 5퍼센트 리더 1,841명과 일반 리더 1,715명을 인터뷰한 결과 상위 5퍼센트 리더 중 291명이 "실패 확률을 낮춘다"

는 말을 한 것에 비해 일반 리더 중에서는 4명만이 그렇게 말했다. 한편 성공 사례를 흉내 내는 데 힘을 쏟는다고 말한 일반 리더는 891명에 이르렀으며, 상위 5퍼센트 리더는 3명에 불과했다.

— 성공 사례를 흉내 내서 성공에 이르고자 하는 리더
— 실패 사례의 원인을 파헤쳐 같은 실수를 하지 않음으로써 궁극적으로 실패 확률을 낮춰서 성과를 올리려는 상위 5퍼센트 리더

둘 중 지속적으로 성과를 내는 것은 후자이므로 결과적으로 실패 확률을 낮추는 전략이 옳다고 할 수 있다.

이성보다 감정을 중시한다

업무보다 팀원의 심리 파악에 주력한다

상위 5퍼센트 리더의 특징은 업무 자체보다 '그 업무를 수행하는 사람'에게 더 많은 관심을 보인다는 것이다. 팀원 개개인의 능력이나 가치관에 더 주목하는 이유는 개개인이 가진 긍정적인 에너지를 한곳으로 모아서 조직의 목표를 달성하기 위해서이다.

지속적으로 특출한 성과를 내는 상위 5퍼센트 리더는 언뜻 냉정한 면이 있을지 모른다. 그러나 실제로 이야기를 들어보면 사교성이 좋아 회식이나 회사의 행사 등에서 분위기 담당을 자처하는 사람들이 많았다.

상위 5퍼센트 리더는 세상의 변화나 조직의 팀원들에게 관심을 기울이고 상황을 파악하려 한다. 미간을 잔뜩 찌푸린 호랑이 상사 같은 무서운 이미지가 아니라 포용력이 있는 마음 좋은 선배라는 인상을 준다. 다만 태도는 온화하더라도 머릿속 생각은 매사 치밀하고 열정적이다.

팀원에게 흥미와 관심을 품는 것은 좋은 인간관계를 구축하기 위해서다. 상대와는 서로 잘 맞는 것도 있고 맞지 않는 부분도 있게 마련이다. 각자의 취향과 가치관도 다르다. 그러나 상위 5퍼센트 리더는 이러한 것을 초월해서 팀원이 '잘하는 것과 잘하지 못하는 것'에 관심을 가지고 다른 팀원의 '잘하는 것과 잘하지 못하는 것'을 조합해서 최대한의 효과를 끌어내려 한다.

그래서 상위 5퍼센트 리더는 먼저 팀원을 파악하기 위해 자주 대화를 나누고 상대방의 이야기를 듣는 시간을 많이 가진다. 팀원과 대화를 나눌 때는 단순히 결과를 공유하기만 하는 것이 아니다. 그 결과가 만들어진 이유를 파고들어야 통찰을 얻을 수 있다.

또한 상위 5퍼센트 리더는 팀 전체가 지속적으로 성과를 내기 위해서는 심리적인 요인도 중요하다는 것을 누구보다 잘 알고 있다.

익명으로 실시한 온라인 설문조사에서 상위 5퍼센트 리더 중

67퍼센트가 "정보보다 감정의 공유를 중시한다"고 대답했다. 일반 리더보다 21배나 더 많은 수치다.

위드코로나 시대가 되면서 많은 리더들은 심리적 안전감(하고 싶은 말을 해도 안전하다는 심리 상태)을 확보하는 것이 얼마나 중요한지를 알게 되었다. 그런데 상위 5퍼센트 리더는 코로나 팬데믹과 상관없이 감정을 공유하고 사람이 행동하게 되는 메커니즘을 이해하고 있었다.

위드코로나 시대를 맞이해 텔레워크가 본격적으로 시작되자 상위 5퍼센트 리더는 누구보다 먼저 감정 공유를 위한 시스템을 정비했다. 회의를 줄이고 대화를 많이 나눴으며, 일대일 미팅 시간도 늘렸다. 팀 미팅을 시작한 직후에는 잠시 업무를 떠나 순수한 잡담을 나누기도 했다.

단지 공감할 뿐 불평을 해결해주지 않는다

감정 공유란 상대방의 감정에 가까이 다가가는 것이다.

팀원이 불합리한 불평불만을 늘어놓을 때도 있을 것이다. 자신의 힘으로는 어떻게 할 수 없는 일에 대해 계속 불평하는 팀원도 있게 마련이다. 불평의 대부분은 리더가 해결해줄 수 없는 것들이다.

팀원들의 불평을 해결하기보다는 그러한 감정이 생긴 메커니즘을 이해하는 것이 더 중요하다. 팀원들 중에는 열심히 노력했는데도 성과를 내지 못한 것이 자기 탓이라고 자책하는 사람도 있을 것이다. 다른 사람 덕분에 좋은 결과가 나왔는데 그것을 자신의 공적으로 만들려 하는 팀원들도 분명 있다. 회사 내의 경쟁자에게 지지 않으려고 실패의 원인을 타인에게 돌리는 경우도 있다.

상위 5퍼센트 리더는 그런 팀원들의 감정에 가까이 다가가면서 문제가 발생한 메커니즘을 함께 생각하려고 한다. 불평불만을 논리적 사고로 전환해 악순환에서 벗어나려는 것이다.

해결책을 전하더라도 상대방이 그것을 받아들일 준비가 되어 있지 않다면 아무 소용 없다. 평소에 지속적으로 대화를 나눠서 신뢰를 구축하고 어떤 피드백이든 받아들이는 관계를 만들어야 한다. 일방적으로 전달하는 방식이라면 팀원은 자신의 머리로 생각하지 않고 '그저 지시받은 대로만 행동하는 인재'가 되어버린다.

과거에는 기업들이 '그저 지시받은 대로만 행동하는 팀원'을 더 선호하던 시대도 있었다.

그러나 스스로 생각하고 변화에 유연하게 대응할 필요가 있는 지금의 시대에는 자주적으로 행동하는 팀원을 키워야 한다. 리더가 팀원들과 함께 궁리하고 함께 행동하는 협력 체제를 구축해나가기 위해 필요한 것이 공감으로 만들어진 신뢰 관계이다.

언뜻 멀리 돌아가는 듯 보이지만 팀의 목표를 향해 에너지를 하나로 모으고, 실패하더라도 타인의 탓으로 돌리는 부정적인 행동을 억제하며, 자기성찰을 통해 행동을 개선해나가는 분위기를 만든다면 조직 전체를 강화할 수 있다.

상위 5퍼센트 리더는 이렇게 해서 지속적으로 성과를 내는 건전한 팀을 만든다.

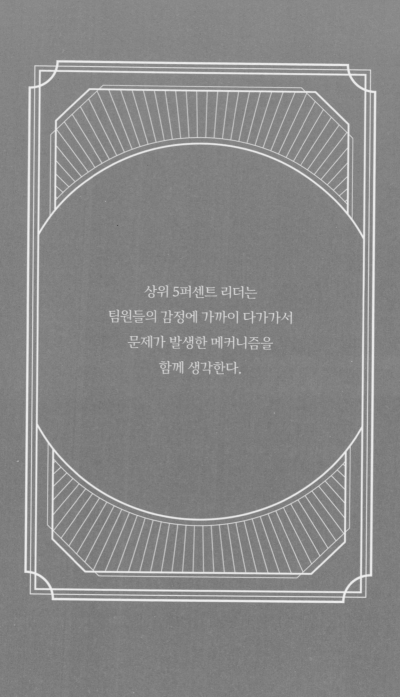

상위 5퍼센트 리더는
팀원들의 감정에 가까이 다가가서
문제가 발생한 메커니즘을
함께 생각한다.

PART
03

상위 5퍼센트 리더는
절대 하지 않는 것

절대 답을 가르쳐주지 않는다

× 답을 가르쳐줌으로써 상사에게 의존하는 팀원을 만든다.

○ 답을 이끌어내도록 지원함으로써 스스로 생각하고 행동하는 팀원을 만든다.

"세계 제일의 일본(Japan as Number One)."

동북아 및 아시아 전문 학자이자 하버드 대학교 교수를 지낸 에즈라 F. 보겔이 한 말로 일본이 이러한 평을 듣던 시절이 있었다.

일본이 세계의 경제를 견인했던 1980년부터 1990년대에는 제조업을 중심으로 성과를 내는 방법, 다시 말해 이익을 내는 방법이 패턴화되어 있었다. 시장의 니즈에 맞춰 고기능 제품을 대량생산하면 실적은 알아서 우상향했던 것이다.

이른바 '제품 소비'의 시대에는 고객의 니즈가 단순했기 때문에 최대공약수적인 제품이 세상을 석권했다. 이 시대에는 연구개발실에서 혁신적인 제품에 대한 아이디어를 내고 임원실에서 판매 방법을 결정하면 현장의 팀원이 지시받은 대로 실행하는 것이 성공 패턴이었다. 상사는 현장에서 일하는 직원들에게 "지시받은 대로만 해"라고 강조했으며, 지시받은 것을 제대로 실행하는 사람을 높이 평가했다.

개인의 창의적인 아이디어는 환영받지 못하고 일개미처럼 열심히 일하는 것을 미덕으로 여겼다. 그리고 회사에 대한 충성심이나 상사에 대한 순종, 인내심이 높은 평가를 받았다.

또한 오늘날과 비교했을 때 업무나 과제도 단순했기에 과거에 성공했던 규칙을 그대로 적용하면 대부분의 문제를 해결할 수 있었다.

그런 시대를 경험한 리더들은 과거에 자신이 터득한 해결책을 부하직원에게 강요하는 경향이 있다.

'영업 실적을 높이려면 발바닥에 땀이 나도록 고객을 방문하고 또 방문해야 한다'와 같은 근성론이나 '파워포인트를 사용해서 대량의 자료를 만들면 노력했다는 것을 보여줄 수 있다'는 방식이 오늘날에도 통용되는 것처럼 설교하는 경우도 있다.

설령 성과를 올릴 수 있는 확실한 답이 있다고 해도 단순히 그것을 가르치고 따라 하기를 바라는 리더 밑에서 일하는 팀원은 스스로 생각하려고 하지 않는다.

하루하루가 다르게 변화하는 오늘날에 요구되는 인재는 스스로 생각하고 스스로 움직이는 사람이다. 한마디로 '자주적인 인재'인 것이다.

'왜?'를 파고든다

자신이 정답이라고 생각하는 것을 가르치려 한다면 자주적인 인재를 육성할 수 없다.

'왜 그 답에 이르는 것일까?'

'그 답은 정말로 옳은 것일까?'

이렇게 스스로 가설을 세워서 해결해나가는 과제 설정 능력과 과제 해결 능력을 키워주지 않으면 스스로 생각하거나 행동하지 못하고 상사에게 의지해 시키는 일만 하려고 든다.

무슨 일이 있으면 상사에게 물어보고 일이 잘 안 풀리면 상사의 탓으로 돌리는 상사 의존형 팀원이 생기는 것은 정답만을 가르치려 한 리더의 책임이다.

일반 리더는 팀원을 지도할 때 "이렇게 하는 거야", "그러면 이렇게 될 거야"라고 단정적으로 말한다.

그러나 상위 5퍼센트 리더는 답을 가르쳐주는 것이 아니라 팀원 스스로 답을 이끌어내도록 도와준다.

"왜 그런 문제가 일어났다고 생각하는가?"

"그 문제가 발생한 원인은 무엇일까?"

"그 원인이 발생한 이유는 무엇일까?"

자기성찰을 촉구하는 질문을 하거나, '왜?'를 반복해서 문제의 본질을 파고들 수 있도록 이끌어준다.

긴급한 과제를 해결할 경우에는 과거의 경험에 입각해 곧바로 답을 가르쳐줘야 할 때도 있을 것이다. 그러나 중요도가 높고 향후에도 같은 문제가 발생할 수 있는 사안에 대해서는 스스로 해결하도록 지원해야 자주적인 인재로 거듭날 수 있다.

지원한다는 것은 '깨달음'을 준다는 의미다. 팀원이 목표를 실현하는 방법을 '깨닫도록' 돕는 '코칭'을 하는 것이다.

낚시를 예로 들어보자.

• 물고기를 낚는 '목적'을 조직 내부에 공유한다.
• 물고기 낚는 '방법'을 팀원 스스로 생각한다.

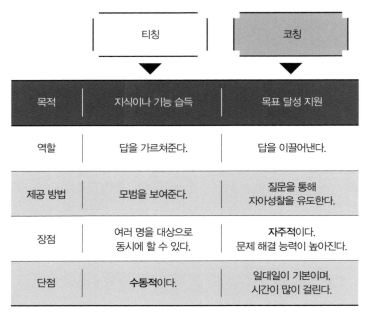

	티칭	코칭
목적	지식이나 기능 습득	목표 달성 지원
역할	답을 가르쳐준다.	답을 이끌어낸다.
제공 방법	모범을 보여준다.	질문을 통해 자아성찰을 유도한다.
장점	여러 명을 대상으로 동시에 할 수 있다.	**자주적**이다. 문제 해결 능력이 높아진다.
단점	**수동적**이다.	일대일이 기본이며, 시간이 많이 걸린다.

2가지 피드백 방법

• 가설을 바탕으로 물고기를 낚아본다.
• 결과를 함께 되돌아보고 낚시하는 방법에 대한 개선책을 궁리하게 한다.
• 개선책을 실행하도록 권한다.

상위 5퍼센트 리더는 이렇게 해서 팀원을 '자주적인 인재'로 키운다.

모든 것을 알려고 하지 않는다

✕ 진행 상황을 100퍼센트 파악하기 위해 보고서 등의 문서를 작성하게 한다.

○ 연간 목표와 행동 목표는 공유하되 실행 방법은 팀원에게 맡긴다.

코로나 팬데믹의 영향으로 2020년부터 많은 기업들이 텔레워크를 시작했다. 도쿄도와 일본 정부의 발표에 따르면 도쿄도에 거점을 두고 있는 기업 중 약 25퍼센트가 텔레워크를 실시하고 있다고 한다.

크로스리버가 독자적으로 실시한 조사에 따르면 "어떤 부분에서든 한 번이라도 텔레워크를 실시했는가?"라는 질문에 805개 기업 중 87퍼센트가 "실시했다"고 대답했다.

이처럼 텔레워크가 급속히 진행되는 가운데 텔레워크에 반대하는 세력도 있다. 경영진과 현장의 리더들이다.

기존의 방식으로는 제대로 관리할 수 없고 어떤 문제가 생겼을 때 즉시 팀원에게 물어볼 수 없기 때문에 출근해서 일해야 더 효율적이라는 주장이다. 또 IT 기기를 만족스럽게 활용하지 못하는 리더는 온라인 회의를 기피하고 팀원 전원을 회의실에 모아서 진척 상황을 보고받는 것을 좋아한다.

크로스리버가 508개 기업을 대상으로 실시한 조사 결과에 따르면 리더의 67퍼센트가 "텔레워크는 생산성이 떨어진다"고 대답했다.

또한 상위 5퍼센트 리더를 제외하고 설문조사를 했을 때는 텔레워크에 대한 불만으로 "업무의 진척 상황이라든가 팀원이 일하는 모습을 직접 볼 수 없기 때문에 관리가 되지 않는다"와 같은 의견이 많이 나왔다.

일반 리더의 87퍼센트는 텔레워크 중에 업무가 어떻게 진행되고 있는지 확인하고자 팀원에게 보고받는 횟수를 늘렸다. 주간 보고뿐만 아니라 일간 보고까지 요구하는 리더도 있었다. 적지 않은 기업이 '재택근무 중에 게으름을 피우는 것은 아닐까?'라는 의심을 가지고 보고와 연락을 지나치게 요구하고 있었다.

그러나 게으름을 피우는 사람은 사무실에 있든 집에 있든 마찬가지다. 크로스리버가 605명을 대상으로 실시한 조사에서는 재택근무 중에 게으름을 피운 사람의 94퍼센트는 사무실에서도 게으름을 피웠다는 사실이 판명되었다.

보이지 않아도 일은 돌아간다

눈에 보이지 않는 부분을 가시화하고 싶어 하는 것은 어쩌면 인간의 본능이다.

'언제 임원이 물어볼지 몰라.'

'영업 실적을 지금 당장 알아야겠어.'

누구나 이러한 불안감이나 바람을 가지고 있게 마련이다. 그러나 업무에서 보이지 않는 부분을 가시화하는 데 수억 원 이상의 비용이 들어갈 수도 있다.

코로나 팬데믹으로 텔레워크가 시작되기 전에 여러분의 회사에서는 모든 업무가 가시화되어 있었는가?

물론 눈앞에 팀원들이 있으면 왠지 팀워크가 잘되고 있는 것 같고, 팀원들이 열심히 컴퓨터를 만지고 있으면 성과가 나고 있다는 착각이 들지도 모른다. 그러나 개인의 노력이나 팀워크는 가시화할 수 없는 부분이다. 리더는 어디까지나 계획한 만큼 성과가 나왔느냐를 판단해야 한다.

734개 기업을 대상으로 조사한 결과 정량적인 목표를 갖고 있지 않은 사람이 57퍼센트나 되었다. 무엇을 언제까지 하면 되는지 알지 못한 채 당장 처리해야 할 업무만을 하는 것이다. 이런 방식으로는 팀원들도 성취감을 얻을 수 없고 리더도 진행 상황을 파악할 수 없다.

상위 5퍼센트 리더는 업무가 진행되는 상황은 눈에 보이지 않는다는 전제 아래 팀원에게 자유와 책임을 부여한다. 처음에 연간 목표를 설정한 다음 그것을 실행할 방법을 계획서로 작성하게 한다. 그리고 1년 동안 정기적으로 대화를 나누면서 진행 상황을 팀원과 함께 확인해나간다.

행동 목표에 관해서는 팀원과 이야기를 나누고, 그 목표를 어떻게 실현할지는 기본적으로 팀원에게 맡긴다. 입사한 지 얼마 되지 않았거나 지원이 필요한 팀원은 적절히 도와준다. 그러나 하나부터 열까지 일일이 관여하거나 보고받지 않는다.

상위 5퍼센트 리더는 팀원 스스로 일하는 자주적인 조직을 만들기 위해 자유(업무를 진행하는 방식 등에 대한 재량)와 책임(목표 달성의 책임)의 균형을 맞추려고 한다.

지속적으로 성과를 내는 상위 5퍼센트 리더의 팀은 에이스급 인재에게 의존하지 않는다. 팀원 모두가 어느 정도 성과를 낼 수 있도록 각각의 역량을 상황에 따라 적절히 배분한다. 가령 우수한 팀원의 영역은 그 팀원에게 맡기고 신입 등 도움이 필요한 팀원이 맡고 있는 영역을 지원하는 데 집중한다. 그렇게 해서 팀 전체의 수준을 향상하고 성과를 달성하는 시스템을 만든다.

상위 5퍼센트 리더는 목표를 정량적으로 설정한다.

'제안 건수를 작년의 1.1배로 늘리자.'

'이번 달에는 엑셀 작업 시간을 8퍼센트 줄이자.'

이와 같이 객관적으로 측정할 수 있는 목표를 설정하는 것이다.

그런 다음 그 정량적인 행동 목표를 팀 전체가 공유하고 진척 상황을 메신저나 미팅에서 간략하게 전달한다.

— 눈에 보이지 않는다는 불안감 때문에 보고서를 늘리고 세세한 것까지 확인하는 미시적 관리에 열중하는 리더

— 팀원의 능력을 믿고 자주적인 조직을 구축하고자 자유와 책임을 부여하는 리더

어떤 팀이 지속적으로 목표를 달성할지는 누가 봐도 명확할 것이다.

매니지먼트를 하지 않는다

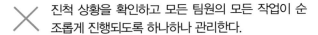

✕ 진척 상황을 확인하고 모든 팀원의 모든 작업이 순조롭게 진행되도록 하나하나 관리한다.

◯ 해당 업무를 받을지 말지 판단하는 데 가장 많은 에너지를 쏟아부으며, 업무 진행은 팀원에게 맡긴다.

리더는 팀원의 노동시간이나 업무를 관리할 뿐만 아니라 경영진이나 고객이 갑자기 의뢰하는 업무를 팀원들에게 적절히 분배하는 역할도 한다.

일반 리더는 위에서 내려온 업무를 처리할 수 있는 팀원에게 적절히 분배하고 진행 상황을 관리하려 한다. 한정된 인원으로 마감 시간까지 일을 끝내기 위해서는 작업 방식과 진척 상황을 관리할 필요가 있다.

그러나 철저히 관리한다고 해서 확실한 성과를 올릴 수 있는 것은 아니다. 실제로 리더가 일주일 동안 하는 일을 조사한 결과 업무 관리 목록을 하루에 3회 이상 확인하는 리더는 42퍼센트나 되었다.

관리 목록을 확인했을 때 제대로 진행되고 있지 않다면 팀원들을 고무시키고, 순조롭게 진행하고 있는 팀원이 있으면 다른 팀원을 지원하도록 지시하는 방식으로 전체를 관리하고 있었다.

물론 팀이 목표를 달성하기 위해 이런 작업 관리도 필요하다. 그러나 이것은 필요조건이지 충분조건이 아니다.

상위 5퍼센트 리더는 업무 관리보다 '업무를 받을 것인가, 받지 않을 것인가?'를 판단하는 데 더 많은 에너지와 시간을 쏟는다.

장시간 노동이 만연한 18개 기업을 조사한 결과, 업무를 받을지 말지를 판단하는 것에 따라 이후의 장시간 노동이 결정된다는 사실이 밝혀졌다. 예를 들어 마감 기한이 짧은 업무를 무리하게 받으면 아무리 일을 많이 해도 장시간 노동에서 벗어날 수 없다.

상위 5퍼센트 리더는 업무를 받지 않을 용기를 갖고 있는 것이다. 이것은 '성과 제일주의'와 같은 냉정한 사고방식에서 비롯된 것이 아니다. 확실한 성과를 낼 수 없는 작업은 하지 않는 것이 낫다는 마음가짐이 밑바탕에 자리하고 있다. 그리고 업무를 받기로 결정하면 진행 상황을 일일이 보고받는 것이 아니라 팀원에게 맡기는 경향이 있다.

일하지 않을 용기

한국과 일본은 플레잉 매니저(playing manager, 선수로 직접 뛰는 감독)의 비율이 다른 나라에 비해 독보적으로 높은 것으로 밝혀졌다. 낮에는 팀원들과 같은 업무를 처리하고, 저녁이나 휴일에 리더의 역할을 하며 숫자를 정리하고 보고서를 작성하는 것이다.

그들은 플레잉 매니저로서 직접 업무에 뛰어드는 방식이 조직 전체의 성과 저하로 이어진다는 것을 알고 있으면서도 눈앞의 업무를 처리하는 데는 자신이 직접 움직이는 것이 더 빠르다고 생각한다.

조직에서 목표를 달성하기 위해 중요한 열쇠는 팀원이 자주적이고 자립적인 정신을 가지는 것이다. 리더가 직접 움직이지 않아도 자연스럽게 성과를 내는 조직을 만들기 위한 핵심은 팀원이 스스로 행동하는 것이다.

상위 5퍼센트 리더는 작업 처리 능력이 뛰어나기에 직접 작업할 때도 있다. 그러나 기본적으로는 조직의 목표 달성에 집중하며, 지속적으로 성과를 내는 조직을 만들기 위해 자신은 되도록 업무를 직접 처리하지 않는다는 방침을 갖고 있다.

— 진행 상황을 관리하는 데 시간과 에너지를 소비하는 리더
— 일을 받을지 말지를 판단하는 데 힘을 쏟으며 일단 받은 업무는 철저히 효율을 높이는 리더

이 둘 사이에 성과의 차이가 나는 것은 당연한 일이다.

보고서 작성은 하지 않는다

$\times$ 주간 보고서에 팀의 성과를 정리해서 상사나 경영진에게 보여준다.

$\bigcirc$ 팀의 업무 진행 상황을 모두에게 공유하고, 현장의 상황을 보면서 다음 행동을 계획한다.

1천 명이 넘는 직원을 보유한 대기업은 주간 보고서를 작성하는 데 많은 시간을 소비한다는 사실이 밝혀졌다. 직원 500명 이하의 187개 기업의 사원 1인당 주간 보고서 작성에 들이는 시간이 일주일에 1.1시간인 데 비해 대기업은 2배 이상인 2.7시간이다.

게다가 추적 조사를 해본 결과 대기업은 중간관리직이 각 팀원에게 받은 주간 보고서에서 중요한 항목을 추출하고 다시 정리해서 부장이나 경영진에게 보고하고 있었다.

보고서는 이해하기 쉬워야 하므로 간결하게 만들어도 상관 없다. 하지만 개중에는 팀의 성과를 보여주기 위해 대량의 보고서를 작성하는 리더도 있다.

어느 제조 기업은 리더가 팀원에게 매일 "이 건은 어떻게 되어가고 있나?", "그 건은 상황이 어떤가?" 등의 질문 공세를 펼쳤다.

그 리더는 근무시간의 대부분을 주간 보고서를 정리하는 데 사용하고 있었다. 시간과 정성을 들여서 열심히 작성한 주간 보고서를 사실은 아무도 읽지 않는 경우도 많았다.

18개 회사를 대상으로 인터뷰 조사를 실시한 결과, 아무도 읽지 않는 주간 보고서가 23퍼센트나 된다는 사실이 밝혀졌다. 리더가 일주일의 절반이 넘는 시간을 들여서 주간 보고서를 정리해도 그중 23퍼센트는 읽지 않는다는 것이다.

성과는 보고서에서 나오는 것이 아니다

회사는 다양한 정보를 바탕으로 경영 판단을 내리기에 당연히 현장에서도 정보를 수집한다. 그러나 현실적으로 100퍼센트의 정보를 수집할 수는 없다.

그렇다면 원점으로 돌아가서 생각해보자. 변화의 속도가 빠른 시대에 일주일 단위로 변화된 상황을 자세히 설명하는 일이 정말로 필요한 것일까?

오히려 경영진은 현장의 변화를 실시간으로 알고 싶어 할 것이다. 그러므로 각 부문의 매출이나 해당 분기의 목표 달성 상황 등을 주간 보고서 없이도 알 수 있는 상태로 만들어야 한다.

대규모 시스템을 도입할 필요는 없다. 현장의 진행 상황, 그 활동을 통해 얻은 교훈이나 성찰을 모두가 볼 수 있는 형태로 만들어놓으면 주간 보고서는 필요 없다.

크로스리버는 2017년 2월부터 주간 보고서를 금지했다. 프로젝트별로 비즈니스 메신저에 그룹을 만들어 진행 상황을 항상 업로드한다.

매출이나 상담 진척률 등은 SFA(영업 지원 서비스)나 BI(비즈니스 인텔리전스 도구)를 통해 실시간으로 볼 수 있다.

— 주간 보고서를 작성하는 데 에너지를 소비하는 리더
— 현장에서 얻은 교훈을 바탕으로 다음 행동을 계획하는 리더

어느 쪽이 경영진의 신뢰를 얻을 수 있겠는가?

회의에서는 최대한 말을 아낀다

✕ 팀원보다 발언을 더 많이 해서 참가자들을 방관
　자로 만든다.

〇 팀원이 발언할 기회를 만들어서 참가자 전원이
　회의를 '자신의 일'로 여긴다.

508개 기업을 조사한 결과 일주일 동안 업무 시간의 43퍼센트가 사내 회의에 사용된다고 한다.

사내 회의 가운데 약 60퍼센트는 정보를 공유하는 내용이었다. 또한 정보 공유 회의 중 약 40퍼센트는 의제가 정해져 있지 않았으며, 단지 회의에 참가하는 것이 목적인 직원도 있었다.

모든 부서는 매주 업무 진행 상황을 확인하는 정례회의를 가진다. 다만 정례회의의 목적이 부서 리더가 전체적인 상황을 파악하는 것이라면 효과는 한정적이다. 팀원들이 각자 발언할

차례가 돌아오기까지 40~50분씩 기다렸다가 보고만 하고 끝난다면 회의는 그저 정보를 전달하는 것에서 벗어나지 못한다.

리더가 단지 업무 진행 상황을 파악하고 정보를 전달받는 형식적인 회의는 시간 낭비일 뿐이다. 더 최악인 것은 그 정례회의가 시종일관 리더의 독무대로 흘러갈 때도 있다는 사실이다. 정례회의를 혼자 독차지하며 팀원들의 귀중한 시간을 빼앗는 것이다. 이런 회의에서는 어떤 것도 배울 수 없고 업무에 활용할 만한 것도 얻지 못한다.

리더가 말할수록 팀원은 침묵한다

크로스리버는 기업의 온라인 회의를 8천 시간 이상 녹음하고 녹화한 데이터를 분석했다.

그 결과 60분이 기본인 정례회의가 전체의 81퍼센트로 가장 많았으며, 그 가운데 4분의 1은 리더의 발언 시간이 70퍼센트 이상을 차지했다.

그리고 정례회의에 참석한 사람들은 딴짓을 하기 일쑤였다. 확실한 상관관계는 확인할 수 없었지만, 온라인으로 열리는 정례회의에서 참가자가 다른 일을 하는 경우가 많았다.

앞에서 이야기했듯이 상위 5퍼센트 리더는 짧고 간결하게 말한다. 상대방에게 메시지가 명확하게 전달되는 것을 목적으로 요점만 압축해서 이야기한다.

반면 일반 리더는 자신의 생각이나 감정을 전하는 것이 주목적이므로, 주위의 반응을 신경 쓰지 않고 일방적으로 말한다.

— 일방적으로 자기 할 말만 하는 리더
— 상대방에게 메시지가 전달되는 것을 목적으로 삼는 리더

회의에 참석한 사람들이 이들 중 누구의 말에 더 귀를 기울이겠는가?

회의는 논의한 사항이나 전달받은 내용이 이후의 행동으로 이어질 때 비로소 의미가 있다. 그러므로 회의의 상당 시간을 리더가 발언하는 데 사용하기보다 팀원들이 자신의 일로 여기면서 자발적으로 발언하도록 유도해야 한다. 그렇지 않으면 아무리 회의를 많이 한들 행동으로 이어지지 않는다.

지속적으로 특출한 성과를 내는 상위 5퍼센트 리더는 말을 잘한다기보다 이야기를 잘 들어준다. 팀원들의 역량과 에너지를 끌어올리려면 자발적으로 말하도록 유도해야 한다는 것을

잘 알고 있다.

상위 5퍼센트 리더는 정보를 공유하거나 아이디어를 내는(브레인스토밍) 자리에서는 한 발 물러서서 바라본다. 퍼실리테이터(facilitator, 진행 촉진자)를 팀원에게 맡기는 것이다. 회의의 재량권을 팀원에게 넘겨서 현장 경험을 축적할 기회를 줌으로써 개개인도 성장하고 최강의 팀도 만들 수 있다.

상위 5퍼센트 리더가 실천하고 있듯이 정례회의 자체를 다시 검토해보고 역할을 재확인해서 팀원들이 자발적으로 이야기하는 회의를 만들어야 한다.

열정을 앞세우지 않는다

✕ 감정적으로 결과를 추궁하기 때문에 팀원과 신뢰
   관계를 쌓지 못한다.

◯ 결과보다 관계 구축에 초점을 맞추고 협력 체제
   를 만든다.

상대가 자발적으로 움직이게 하기 위해서는 '이론'이 아니라 '열정'에 호소하는 것이 더 효과적일 때가 있다.

경영진 405명을 대상으로 진행한 인터뷰에서 "이론보다 감정에 의지해서 무엇인가를 결정할 때가 많다"라고 대답한 사람이 78퍼센트에 이르렀다. 투자 대비 효과나 시장 예측 데이터 등에 따라 판단할 때도 있지만, 제안한 사람의 열정이나 인품에 영향을 받아서 결단을 내릴 때도 있는 것이다.

100퍼센트 확실한 정보를 입수하기 어려운 시대에 이론으로 무장하고자 무작정 많은 정보를 모으려 하는 것은 효율적이지 못하다. 그래서 기업의 경영진들은 수집한 정보를 참고해서 판단하지만 결국은 감이나 감정에 의지해 의사 결정을 하는 경우가 많다.

완전한 논리에 입각한 의사 결정이 어려운 상황에서는 감이나 감정이 적지 않게 개입되는 것이다.

상위 5퍼센트 리더는 경영상의 판단을 해야 할 때 필요한 행동 메커니즘을 가지고 있다. 자기만족에 빠지지 않고 70퍼센트 정도의 정보를 바탕으로 행동한다는 규칙을 습관화하고 있는 것이다. 그리고 실행했을 때 문제가 나타난다면 곧바로 수정하거나 중단한다.

일이 잘 풀리지 않을 때 감정을 못 이기고 팀원들을 질책하는 리더가 있다. 기분이 좋지 않을 수는 있지만 그러한 감정을 직원에게 쏟아냄으로써 화풀이를 하는 것은 도덕적으로 문제가 있는 행동이다. 이런 언동은 갑질이나 다름없을 뿐 아니라 장기적으로 기업 활동을 저해한다.

팀원과 일대일 미팅을 하는 동영상을 보면 실제로 그런 리더들이 존재한다.

일반 리더들 중에는 팀원들의 결과물을 확인하고 실패했다면 질책부터 하는 사람들이 있다. "그렇게 하니까 실패하지", "하지만 실패했지 않나?", "왜 성공하지 못했나?" 일반 리더는 이런 부정적인 말을 서슴없이 했고, 상위 5퍼센트 리더 중에는 이런 발언을 한 사람이 없었다.

결과를 함께 확인하는 것도 중요하지만, 실패했다고 해서 일방적으로 질책하는 것은 좋은 방법이 아니다. 두 번 다시 실패하지 않을 방책을 궁리해서 다음 계획을 세우고 새롭게 실행해야 한다.

리더가 실패를 질책하면 팀원은 위축되어 더더욱 발언하지 못하고, 리더와 팀원 사이에는 명확한 상하 관계가 형성되어 버린다. 그렇게 되면 팀원은 상사에게 질책받지 않기 위해 수동적으로 행동한다.

질책받지 않으려고 지시받은 것만을 하면 창의적인 사고를 하지 않게 된다. 상사에게 지시받은 대로만 행동하며 때로는 하지 않고도 했다고 거짓말하는 경우도 생긴다.

결국 팀원은 리더에게 숨기는 것이 많아진다. 기업 내에서의 정보 누설이나 법규 위반은 이런 상하 관계에서 발생하기 쉽다.

팀원이 사고나 행동을 자발적으로 하지 않으면 좋은 성과로 이어지지 않는다. 일시적으로는 분노로 상대방을 지배할 수 있을 것이다. 하지만 그런 분위기에서 한껏 위축된 팀원은 스스로 생각하고 움직이는 인재가 되지 못한다. 결국 지속적으로 성과를 내는 팀을 만들 수 없는 것이다.

상위 5퍼센트 리더는 자주적인 조직을 만들기 위해 먼저 성과가 아니라 좋은 관계를 구축하는 데 힘쓴다. 팀원과 수평적인 관계를 형성하면서 함께 궁리하고 함께 행동하는 협력 체제를 만든 다음에 성과를 생각하는 것이다.

일이 잘 풀리고 성과가 좋다면 그렇게 된 이유를 함께 생각해서 노하우를 축적하고, 일이 잘 풀리지 않고 성과가 좋지 않다면 원인을 함께 파악해서 다음번에 성공하기 위한 메커니즘을 만들려고 한다.

지속적으로 성과를 내는 상위 5퍼센트 리더는 성공이냐 실패냐 하는 결과가 아니라 팀원과의 관계를 구축하기 위한 대화를 나눈다.

의사 결정을 내릴 때 감정이 어느 정도 개입되는 것은 어쩔 수 없는 일이다. 그러나 팀원과의 관계를 구축하는 것이 팀의 성과를 올리는 데 무엇보다 중요한 만큼 감정을 앞세워 몰아붙이는 것은 결코 효과적이지 못하다.

PART
04

상위 5퍼센트 리더의
행동 습관

의욕보다는 시스템을 믿는다

팀원의 의욕에 기대지 않고 진행하기 위한 시스템을 만든다

의욕, 즉 동기부여는 업무 효율을 높이는 데 중요한 에너지 원이다. 다만 의욕과 같은 감정은 안정적이지 못하다는 점을 이해해야 한다. 항상 의욕이 넘칠 수도 없고, 의욕만으로 성과를 내는 데도 한계가 있다.

상위 5퍼센트 리더는 팀의 목표를 달성하기 위해 최적의 프로세스를 구성하는데, 그 안에 '의욕이 있는가, 없는가?'라는 요소는 포함되지 않는다.

'의욕이 있어야 진행할 수 있는 프로세스'는 리스크가 너무 크기 때문에 의욕이 없어도 프로세스가 실행될 수 있도록 시스템화하는 것이다. '해야 할 작업을 성공할 때까지 계속'하는 시스템을 갖춘다면 의욕이 없더라도 프로세스를 진행할 수 있다.

의욕을 일으키는 동작, 즉 '의욕 스위치'는 내적 동기에서 나온다. 개개인이 갖고 있는 흥미와 관심 속에 '의욕 스위치'가 있다는 말이다.

그러나 업무를 진행할 때는 흥미와 관심이 없는 일을 해야할 때도 있다. 내가 경험한 585회의 사과 방문이나 매달의 영수증 정리는 의욕적으로 할 수 없는 일이다. 하고 싶지 않지만 어쩔 수 없이 해야 하는 작업이다.

의욕이 떨어지지 않는 시스템

상위 5퍼센트 리더는 의욕에 의지하지 않고 작업을 확실하게 처리할 수 있는 시스템을 만든다. 예를 들어 의욕이 있든 없든 상관없이 작업을 45분 단위로 나눠서 체력과 정신력이 떨어지는 것을 방지한다.

팀원의 능력보다 약간 높은 목표를 설정하는 것도 그런 시스템을 만드는 방법 중 하나다. 목표가 너무 낮으면 정신적으로 느슨해지고, 목표가 지나치게 높으면 의욕을 잃어버린다.

상위 5퍼센트 리더는 발돋움을 하면 간신히 닿을 정도의 적절한 목표를 설정한다. 일상적인 대화를 통해 팀원의 능력과 성장 가능성을 파악하고 아슬아슬하게 달성 가능한 목표를 설정하며, 그것을 달성할 수 있도록 지원한다.

'진척률 20퍼센트'라는 체크포인트를 설정하고 그 시점에 피드백을 하면 팀원들은 의욕이 있든 없든 상관없이 긴장의 끈을 놓지 않는다.

진척률 20퍼센트의 시점에 업무를 의뢰한 쪽과 의뢰받은 쪽이 인식의 차이를 보정하면 이후에 작업을 다시 해야 하는 비효율적인 상황을 줄일 수 있다. 실제로 진척률이 20퍼센트일 때 진행 상황을 점검하는 시스템을 만든 상위 5퍼센트 리더 중에는 작업을 다시 해야 하는 상황을 74퍼센트나 줄이는 데 성공한 사람도 있었다.

상위 5퍼센트 리더는 이런 시스템을 구축해서 팀원의 의욕에 좌우되지 않고 확실하게 업무를 진행해 성과를 내는 것이다.

혼자 튀지 않는다

1×1을 5로 만들어서 달성한다

상위 5퍼센트 리더는 자신의 존재 의의를 누구보다 잘 이해하고 있다. "당신의 존재 의의는 무엇입니까?", "당신이 회사에서 어떤 능력을 발휘해야 하는지 알고 있습니까?"라는 질문에 상위 5퍼센트 리더 중 83퍼센트가 곧바로 "그렇다"고 대답했다.

상위 5퍼센트 리더는 '어떻게 조직을 만들어나갈 것인가?', '어떻게 과제를 해결해나갈 것인가?'와 같은 'HOW(어떻게)'의 개념을 일단 버린다. 그들이 먼저 생각하는 것은 'WHY(왜)'다.

'왜 내가 이 조직의 리더가 되었는가?', '왜 내가 필요한가?'와 같은 회사나 타인의 기대, 그리고 '왜 이 일에 몰두해야 하는가?'과 같은 의의나 목적을 중심으로 생각하는 경향이 있다.

단도직입적으로 말해 리더가 필요한 이유는 '팀이 목표를 달성하기 위해서'다. 그렇다면 왜 팀이 필요할까? 혼자서는 해낼 수 없기 때문이다. 한 사람 한 사람이 개인적으로 작업해서는 조직 전체의 목표를 달성할 수 없다.

기술의 발전으로 스마트 기기를 활용해 얼마든지 재택근무를 할 수 있다. 혼자 일하기가 그 어느 때보다 쉬워진 것이다. 굳이 오전 9시에 전원이 출근해 한곳에서 얼굴을 마주하고 작업하지 않아도 된다. 개개인이 장소와 시간에 얽매이지 않고 일할 수 있을 뿐 아니라 훨씬 효율적이기도 하다.

그러나 한편으로 세상은 하루가 다르게 변화하고 있다. 고객의 니즈가 복잡해지고 사회적인 문제도 다양해지므로 해결 방법도 단순하지 않은 것이다. 매뉴얼대로 작업하면 고객의 문제를 금방 해결할 수 있는 시대가 아니다.

그렇다면 '팀이 해결한다'는 것은 무슨 뜻일까? 팀원 개개인의 강점과 약점을 살려서 복잡한 문제를 빠르게 해결하는 것, 한마디로 '1×1'을 2가 아닌 3이나 5로 만드는 것이다.

짧은 시간에 더 큰 성과를 내야 하는 변화의 시대에는 무엇보다 중요한 것이 속도다. 한 사람 한 사람이 개별적으로 작업하기보다 개개인의 강점과 약점을 결합해서 3명이 하던 작업을 2명이 끝내거나 혼자서는 3시간 걸리는 작업을 다른 사람에게 맡김으로써 10분 만에 끝낼 수 있다.

급변하는 시대에 리더는 최대한의 효율과 효과를 지향하며 더 짧은 시간에 더 큰 성과를 내야 한다. 단순히 목표를 달성하는 것만으로는 부족한 것이다.

서구의 기업을 중심으로 발전한 잡(job)형 인사 평가 제도는 목표 달성을 중심으로 만들어진 것이다. 현재 잡형 평가 제도를 도입하는 일본 기업이 증가하고 있는데, 크로스리버가 조사한 바에 따르면 403개 기업 가운데 64퍼센트가 잡형 평가 제도를 검토하고 있었다.

다만 이런 결과 지상주의 평가 제도에는 약점도 존재한다. 예를 들어 목표만 달성하면 모든 것이 용서되는 까닭에 법규 위반이나 상사의 갑질이 발생할 위험성이 높다.

또한 단기적인 목표를 달성하는 것을 중시하기 때문에 사원

개인의 능력에 의존해서 성과를 내려는 경우가 많다. 상위 5퍼센트 리더는 기본적으로 어느 하나에 크게 의존하는 방식으로 일하지 않는다.

더구나 결과 지상주의 아래서는 팀원들이 서로의 경쟁자가 되기 때문에 협조하는 분위기가 형성되지 않고 서로의 발목을 잡는 경우도 있다.

잡형의 반대 개념인 멤버십형 평가 제도에도 문제점은 있다. 일본 기업의 대부분은 장기 고용, 장기 육성을 전제로 멤버십형 평가 제도를 채용하고 있다. 제조업을 중심으로 발전해온 고도 경제 성장기에는 품질이 곧 차별화 요인이었기에 장기적으로 숙련공을 육성할 필요가 있었기 때문이다.

그래서 정년까지 계속 고용하는 종신 고용 제도와 연차가 쌓임에 따라 급여를 인상하는 연공서열 임금 제도를 도입하고 노동자의 고용 환경을 개선하는 노동조합을 사내에 설치했다.

이와 같은 일본 특유의 고용 관행이 일본을 강하게 만든 것은 사실이다. 하지만 성과를 내지 못해도 해고당할 염려가 없고 나이를 먹으면 자연스럽게 급여가 오르는 시스템은 의욕을 떨어뜨리고 발전을 저해하는 요인이 되기도 했다.

극단적으로 말하면 하루 종일 휴게실에 앉아 있어도 질책받지 않는 시대가 있었던 것이다. 또한 인간관계를 중시하기 때문에 친목으로 뭉친 집단이 되기 쉽다.

다시 말해 멤버십(membership)형 평가 제도는 상대적으로 성과 달성을 경시하는 경향이 있어 회사의 성장을 떨어뜨리는 요인이 된다.

하이브리드 조직이 대세다

지금까지 800개가 넘는 기업의 인사 평가 제도에 대해 조언해온 경험에 따르면, 잡형과 멤버십형 평가 제도를 조합하는 것이 결과적으로 좋은 성과를 불러왔다.

멤버십형과 잡형을 조합한 하이브리드 조직을 실현하는 것이 바로 상위 5퍼센트 리더다.

잡형 평가 제도와 멤버십형 평가 제도 중 어느 것이 더 좋은가 하는 막연한 질문에 대해 상위 5퍼센트 리더의 61퍼센트가 잡형이 더 좋다고 대답했고, 일반 리더는 74퍼센트가 잡형이 더 좋다고 대답했다.

상위 5퍼센트 리더 중에는 "멤버십형이 더 좋다"고 대답한 사람이 일반 리더보다는 상대적으로 많았던 것이다. 특출한 성과를 지속적으로 내는 상위 5퍼센트 리더가 이렇게 생각하는 것은 의외였다.

상위 5퍼센트 리더는 단순히 성과를 내는 것이 아니라 '지속적으로 성과를 내는 것'을 지향한다는 사실을 알 수 있었다. 단기적으로는 능력 있는 팀원을 지원하는 것만으로도 얼마든지 성과를 낼 수 있다.

그러나 젊은 사원과 연배가 있는 사원이 섞여 있는 팀에서 지속적으로 성과를 내기 위해서는 미숙한 팀원도 언젠가 성과를 낼 수 있도록 성장시켜야 한다.

또한 우수한 팀원이 조직을 떠나더라도 지속적으로 성과를

계층적인 조직과 자주적인 조직의 차이

	계층적인 조직	자주적인 조직	
관계성	리더 '보고·연락·상담'을 통해 꼼꼼하게 관리 상하 관계 팀원 충성심·지시를 기다림	수평 관계 리더 '행동 목표'를 결정하고 확인·자기성찰의 시간을 만든다.	팀원 실행 중시·프로세스를 스스로 보여준다.
일하는 방식과 평가	• 장시간 노동에 대한 평가 • 약속한 결과에 대한 평가	• 업무 처리 능력 중시 • 인간관계(끌어들이는 힘) 중시	

낼 수 있어야 한다. 이를 위해 상위 5퍼센트 리더는 잡형 평가 제도뿐만 아니라 멤버십형 평가 제도도 필요하다고 생각하는 것이다.

'단기적으로 성과를 내는' 것이 아니라 '장기적으로 계속 성과를 내는 것'이 조직 내에서 자신이 해야 할 가장 중요한 역할임을 상위 5퍼센트 리더는 잘 알고 있다.

이질적인 인재를 환영한다

서로 다른 능력을 결합해 전체의 역량을 끌어올린다

복잡한 과제를 해결하고 지속적으로 성과를 낸다는 커다란 목표를 달성하기 위해 상위 5퍼센트 리더는 '이질적인 인재들의 조합'을 꾀한다.

먼저 팀원의 특성을 확실히 파악하고 강점과 약점을 서로 결합해서 더 짧은 시간에 더 큰 성과를 낸다.

작업 관리를 할 때 무엇을 가장 중시하느냐는 질문에 대해 일반 리더의 71퍼센트가 "개개인의 능력(capability)을 중시한다"고 대답했다.

말하자면 팀원의 강점에 초점을 맞추는 경향이 강하며, 강점에 맞춰서 업무를 배분하거나 작업을 할당한다는 것이었다.

한편 상위 5퍼센트 리더는 팀원이 잘하는 것과 못하는 것을 종합적으로 이해하는 능력이 탁월하다. 그들 중에 "팀원이 잘하지 못하는 부분에 초점을 맞춘다"고 대답한 리더가 무려 77퍼센트에 이르렀다.

조사 결과 팀원의 강점을 중시하는 일반 리더와 팀원의 약점에 초점을 맞추는 상위 5퍼센트 리더의 차이가 드러난 것이다.

이어서 '상위 5퍼센트 리더는 왜 팀원의 약점에 초점을 맞추는가?'에 대해 추가로 조사했다. 온라인 설문조사 등으로는 정성적인 정보를 입수할 수 없기 때문에 실제로 만나 이야기를 듣거나 온라인 회의 서비스를 통해 인터뷰를 실시한 다음 그들의 발언을 녹음하거나 녹화해 AI로 문자를 추출하고 텍스트 마이닝 데이터를 분석했다. 그 결과 상위 5퍼센트 리더는 '조합', '재배치', '교체', '재편성', '벌충'이라는 명사를 특히 많이 쓴다는 것을 발견했다.

이것을 수식으로 표현하면 '×(곱하기)'를 한다는 의미다. 상위 5퍼센트 리더는 어떤 요소를 곱하거나 바꾸거나 교체하려고 하는 것이다.

그래서 우리는 이런 가설을 세웠다.

'상위 5퍼센트 리더는 팀원의 약점을 이해하고 그것을 강점으로 삼는 팀원으로 교체하는 것이 아닐까?'

'강점을 가진 팀원이 약점을 가진 팀원을 도와주는 것이 아닐까?'

'약점을 보완하기 위해 팀원을 파악하고, 약점을 보완하기 위해 능력이 뛰어난 팀원의 힘을 빌리는 것이 아닐까?'

위와 같은 가설을 상위 5퍼센트 리더에게 들려주고 나서 의견을 물었다.

그런데 놀랍게도 그들의 대답은 "아니오"였다. 그들은 업무 처리 능력이 낮은 팀원을 우수한 팀원으로 메우는 것이 아니라 우수한 팀원의 약점을 파악하고 그 부분을 다른 팀원으로 보완하려 한 것이었다. 성과를 내는 팀원은 혼자서도 잘 성장하므로 그들의 능력을 2~3배로 만들어서 조직 전체의 역량을 높이려 했다.

요컨대 성과를 내는 팀원의 약점을 파악하고 그 부분을 다른 팀원으로 보완함으로써 성과를 내는 팀원의 성과를 2~3배로 높이는 것이다.

다만 그렇다고 해서 능력이 부족한 팀원을 방치하는 것은 아니다. 그들의 강점을 파악하고 그것을 키우기 위해 노력했다. 팀 내에서 우수한 팀원이 잘하지 못하는 부분을 대신해주면 인정받으려는 욕구가 자극될 뿐만 아니라 자신의 능력을 깨닫고 그것을 발휘하고자 하는 마음이 강해진다.

물론 젊은 사원들의 기본적인 능력을 높이는 것도 필요하다. 그러나 여기에 에너지를 집중해서는 지속적으로 팀의 성과를 높일 수 없다.

그래서 상위 5퍼센트 리더는 인사부 담당자들과 원활한 파트너십 관계를 구축한다. 상위 5퍼센트 리더의 65퍼센트는 인사부 담당자들과 3개월에 한 번은 대화를 나눴다. 업무를 수행하는 데 필요한 기본적인 능력은 인사부 담당자에게 맡기고 자신들은 팀의 목표를 지속적으로 달성하는 데 초점을 맞춰 팀원을 육성하는 것이었다.

교육이나 훈련을 통해 익힐 수 있는 기본적인 업무 기술은 인사부 담당자에게 맡기고, 실무 경험을 쌓으면서 능력을 높이는 OJT(직무 간 훈련)는 현장의 리더가 한다. 이런 분업을 통해 젊은 사원들을 효율적으로 육성하는 것이다.

각 팀원의 강점과 약점, 능력을 파악하는 데 힘쓰고 우수한 팀원의 약점을 보완함으로써 성과를 더욱 높인다. 젊은 팀원의 기본적인 능력을 육성하는 것은 인사부에 맡기고 팀원들의 강점과 약점을 잘 조합함으로써 좋은 상하 관계를 구축한다.

이것이 상위 5퍼센트 리더의 방식이다.

누구보다 열심히 일하지 않는다

시간과 마음의 여유를 만들고 효율적으로 업무를 진행한다

"부하 직원은 상사의 등을 바라보며 성장한다."

이렇게 말하던 시대도 있었다. 상사의 업무 수행 능력이 압도적으로 높아서 그대로 흉내 내면 같은 성과를 낼 수 있었던 것이다. 하지만 지금으로부터 20년도 더 거슬러 올라가는 시대의 이야기다.

실무 담당자로서 특출한 능력을 발휘했던 사람이 리더로 승진해서 실무 역할까지 하는 경우가 종종 있다. 플레잉 매니저는 개인으로서 성과를 내는 가운데 팀 전체를 통솔하는 역할까지 한다. 그러나 개인의 업무 수행 능력을 높이는 데 시간과 에너지를 쏟다 보면 팀 전체를 통솔하는 데 소홀할 수밖에 없다.

상위 5퍼센트 리더는 능력 있는 팀원 한 명에게 의존하지 않고 팀원 개개인이 스스로 생각하면서 행동하는 자주적인 조직을 만드는 것을 목적으로 팀을 이끌어나가기 때문에 자신이 강력한 플레이어가 되려고 하지 않는다. 실제로 상위 5퍼센트 리더는 플레잉 매니저로서도 특출한 성과를 내지만, 팀 전체를 통솔했기에 그러한 성과를 낼 수 있었다.

개인의 업무 수행 능력을 갈고닦는 데는 한계가 있음을 상위 5퍼센트 리더는 누구보다 잘 알고 있다. 그래서 자신이 노력하는 모습을 팀원들에게 보여주고 "나를 따라와!"라고 말하는 리더십이 아니라 팀원들을 올바른 방향으로 이끄는 리더십을 추구한다.

밤늦도록 야근을 해가면서 자료를 작성하거나 휴일에 출근하면서 팀원들에게 자신처럼 행동할 것을 은연중에 요구하는 식의 행동은 하지 않는다. 그런 금욕적인 모습을 보여주면 오히려 역효과를 부를 뿐이라는 것을 누구보다 잘 알고 있다.

상위 5퍼센트 리더는 플레이어로서 업무를 진행할 때면 흥분 물질인 아드레날린이 분비되어 시간을 잊고 집중해서 일한다. 기본적으로 일을 좋아하기 때문에 시간과 에너지가 허락하는 한 일을 멈추지 않는다.

그러나 현재 일본의 법제도가 이것을 허락하지 않으며 100세 시대에 건강을 유지하는 데도 도움이 되지 않는다. 상위 5퍼센트 리더는 시간제한을 설정하고 그 시간 내에 최대한의 성과를 내기 위해 모든 힘을 쏟아붓는다.

그들은 왜 잡담을 좋아하는가?

예전과 달리 지금은 해야 할 일만을 묵묵히 처리하면 자연스럽게 성과가 올라가는 시대가 아니다. 스스로 생각하면서 적극적으로 행동하고 상황에 맞춰 행동을 수정해나가야 성공에 가까워질 수 있다.

요컨대 무작정 열심히 일하는 방식은 오히려 리스크가 더 클 뿐이다. 냉정하고 영리하게 중요한 업무에 에너지를 쏟아붓는 것이 성공으로 이어지는 길이다. 이것을 잘 알고 있는 상위 5퍼센트 리더는 절대 노력이나 근성을 강조하지 않을 뿐 아니라 오히려 성과를 저해하는 요인으로 여긴다.

설령 땀 흘려 노력하더라도 그 모습을 팀원들에게 드러내지 않는다. 리더가 지나치게 열심히 일하는 모습을 보면 팀원들이 오히려 압박감을 느끼고 위축되기 때문이다.

지나치게 열심히 일하는 모습을 보여주지 않는 것은 팀원과의 관계에도 좋은 영향을 끼친다. 팀원들이 부담 없이 말을 걸어주기를 바라는 상위 5퍼센트 리더는 먼저 시간과 마음의 여유를 가지려 한다.

이를테면 어떤 일이 있어도 짜증을 내지 않기 위해 아침에 음악을 들으며 자율신경을 차분하게 가다듬는다. 산책이나 러닝 등 유산소운동을 하는 습관을 들여서 부정적인 감정을 조절하는 리더도 많았다. 이른 아침이 마음을 정돈하는 데 중요한 시간대라는 것을 알고 행동으로 옮기는 것이다.

아침뿐만 아니라 업무 시간 중에도 느긋하게 마음의 여유를 가지려고 노력한다. 예를 들어 정례회의 시간을 90분에서 75분으로, 60분에서 45분으로 줄임으로써 정신적인 여유를 충분히 가질 수 있는 시간을 만든다.

회의 시간을 줄이고 팀원과의 대화를 늘려야 한다는 것을 의식하는 상위 5퍼센트 리더는 회의가 끝난 뒤의 시간을 소중히 여긴다.

"잠시 시간 좀 내주실 수 있을까요? 드릴 말씀이 있습니다."

팀원들이 이야기할 수 있는 자리를 만들고 일상적인 대화를 통해 팀원의 건강 상태까지 확인하기도 한다.

상위 5퍼센트 리더는 이처럼 무작정 자신이 열심히 일하는 모습을 보이면 오히려 역효과를 부른다는 사실을 누구보다 잘 알고 있기에 시간과 마음의 여유를 만드는 것을 최우선으로 여긴다.

상위 5퍼센트 리더의 인맥 수첩

사내 조정을 패턴화해서 빠르게 끝낸다

회사 내부에는 의견이 다른 사람들이 당연히 존재한다. 특히 여러 기업들이 흡수 합병되어 그룹으로 형성된 대기업은 출신 회사에 따라 파벌을 형성하고 다른 파벌을 견제하기도 한다.

그런 복잡한 인간관계 속에서 절충을 통해 하나의 방향으로 행동하도록 조정하는 것이야말로 리더의 역할이다. 회사 내부에 존재하는 반대파와 찬성파의 균형, 양자의 이익을 사전에 미리 고려해서 업무에 포함할 필요가 있다.

직원이 1천 명이 넘는 대기업에서는 "잠깐, 난 그런 이야기 들은 적 없어!"라며 반발하는 부류를 제대로 설득하지 않으면 아무리 좋은 제안이라도 통과되지 않는 경우가 있다.

나는 '합의'라는 결정 방법을 좋아하지 않는다. 이 합의야말로 사내 회의 시간이 길어지는 원인이기 때문이다.

상위 5퍼센트 리더는 업무를 원활하게 진행하기 위해 사내 힘의 균형이나 출신, 적극성, 사내 인맥 등을 수첩이나 파워포인트에 정리해놓고 누구를 어떻게 끌어들여야 할지를 구조화한다. 이것은 높은 열정과 뛰어난 커뮤니케이션 능력으로 한 점 돌파를 노리는 상위 5퍼센트 사원과는 다른 움직임이다.

"잠깐, 난 그런 이야기 들은 적 없어!"라며 반발하는 측의 리더를 설득하기 위해 상대방이 흥미와 관심을 가질 만한 점을 강조하고 자신의 속마음을 털어놓음으로써 상대방의 마음을 여는 등의 방법을 통해 전략적으로 사전 조정을 한다.

합의는 사내 인맥에 달렸다

팀원들은 자신의 리더가 이와 같이 사전 조정을 구조화하고 철저히 준비하는 모습을 본다. 사내에서 이루어지는 의견 조정에 어려움을 겪을 때는 팀의 리더에게 조언을 구할 수밖에 없다. 그럴 때 일반 리더는 "포기하지 말고 힘내! 곤란한 문제가 있으면 언제든 말하고"라며 격려하는 것인지 회피하는 것인지

헷갈리는 모호한 조언을 한다.

그러나 상위 5퍼센트 리더는 사전 조정에 필요한 구조도나 메모를 팀원에게 보여주고 구체적인 대응책까지 제시한다.

팀원이 고민에 빠졌을 때 즉시 해답을 가르쳐주면 팀원은 스스로 성장할 기회를 갖지 못한다. 그러나 긴급을 요할 때 하나의 해결 방법을 보여주면 팀원은 어떻게 답을 찾아야 하는지 배울 수 있다.

상위 5퍼센트 리더는 언제나 팀의 목표 달성을 생각하며, 적절한 정보 교환과 교육이 중요하다는 것을 알고 있다.

상위 5퍼센트 리더의 전달력

공감과 공동 창조를 커뮤니케이션 목표로 생각한다

상위 5퍼센트 리더의 커뮤니케이션 특징을 단적으로 표현하면, 그들은 '전달하는' 것이 아니라 '전해지는 것'을 지향한다.

일반 사원이나 일반 리더가 커뮤니케이션에서 지향하는 점은 '전달하는 것'이다. 이것은 정보나 메시지를 전달하는 쪽이 중심이 되는 일방향 커뮤니케이션이다.

정보나 메시지를 일방적으로 전달하면 이야기가 길어지기 쉽고 보고서의 양도 늘어날 수밖에 없다. 어디까지나 전달하는 것이 목적이기 때문에 상대방의 반응에는 별 관심이 없다. 상대방이 이해했느냐보다 자신이 하고 싶은 말을 했느냐가 목적 달성의 지표인 것이다.

반면 상위 5퍼센트 리더는 커뮤니케이션에서 '전해지는 것'을 지향한다. 자신의 마음이 상대방에게 전해지도록 이야기하며, 상대방이 공감하고 자신의 생각대로 행동하는 것이 궁극적인 목적이다. 이야기를 들어줬느냐가 아니라 내용을 이해하고 행동했느냐가 목적 달성의 지표인 것이다.

'전해지는' 커뮤니케이션의 중심은 이야기를 듣는 상대방이다. 상대방이 커피를 마시고 싶어 하면 커피를 대접하고, 물을 마시고 싶어 하면 물을 대접한다. 상대방이 말할 기회를 주어서 말하는 이와 듣는 이의 쌍방향 커뮤니케이션을 이끌어낸다.

상위 5퍼센트 리더의 영업력

어느 제약 회사의 상위 5퍼센트 리더는 영업 활동을 할 때 질의응답을 중요하게 여긴다. 마지막에 질의응답 시간을 마련해서 고객에게 궁금한 점이 있느냐고 묻는다. 고객이 질문하면서 '대화'가 시작되고, 이를 통해 '공감과 공동 창조'가 생겨난다고 여긴다.

일방적으로 이야기를 듣는 시간이 아니라 질의응답을 통해 대화를 나누는 시간으로 만드는 것이다.

어느 IT 기업의 온라인 정례 세미나를 지원했을 때 질문의 수와 세미나 후 9개월 이내의 발주 건수 사이에 상관관계가 성립한다는 사실을 발견했다.

온라인 세미나에서 질문하는 참가자는 9개월 이내에 서비스를 구입할 확률이 높다는 것이다. 질의응답이 활발해지면 일방적인 설명이 아니라 대화가 이루어진다. 참가자는 이를 통해 구매라는 행동으로 이어질 가능성이 크다. 대화에서 '공감과 공동 창조'를 이끌어내 상담으로 연결하는 상위 5퍼센트 리더의 합리적인 영업 방식이다.

다만 듣는 사람과 말하는 사람의 목적이 다른 경우도 있다. 말하는 사람은 '정보와 메시지를 전달하고 싶다', '전해졌으면 한다', '상대방을 움직이고 싶다'고 생각한다.

반면 고객이나 상대방은 '영업을 당하고 싶지 않다', '속기 싫다', '좀 더 깊이 이해하고 싶을 뿐이다'라는 방어적인 자세를 취한다.

이렇게 생각하는 고객의 관심을 끌기 위해 상위 5퍼센트 리더는 행동 실험을 했다. 60퍼센트가 온라인 상담이나 온라인 회의에서 웹 카메라의 위치를 자신의 시선에 맞추고 카메라를 향해 이야기함으로써 상대방과 시선이 마주치도록 했으며, 상대방이 이야기할 때는 고개를 크게 끄덕이면서 공감을 표시했다.

'내가 속마음을 솔직하게 이야기하면 상대도 속마음을 솔직하게 말한다'는 상호성의 원리를 잘 알고 있는 상위 5퍼센트 리더는 갑자기 쓸데없는 이야기를 시작하기도 한다.

— 상대방에게 정보를 전달하는 것을 목표로 삼는 리더
— 상대방의 행동을 유발하는 것을 목표로 삼는 리더

어느 쪽이 더 팀원들과 공감대를 형성하고 영업 실적을 높일 수 있을지는 누가 봐도 자명할 것이다.

상위 5퍼센트 리더의 시간 관리

'그만둘 일'을 결정하고 새로운 일에 도전한다

늘 바쁘게 일하는 리더는 매일 산더미처럼 날아드는 이메일과 달력을 가득 채우는 사내 회의 일정에 골머리를 앓는다. 그리고 명확한 기준도 없이 눈앞에 있는 모든 작업을 처리하려 한다. 중요도가 낮은 업무에 손을 댔다가 나중에 후회하기도 하고, 긴급하지는 않지만 가장 중요한 일을 계속 미루다 제대로 끝내지 못할 때도 있다.

주체적으로 우선순위를 설정하지 않고 작업이 들어오는 대로 그때그때 대응하는 것은 생산적이라고 할 수 없으며, 오히려 일이 바빠지는 원인이 된다.

리더는 정말로 중요한 작업에 자신의 시간을 투자해야 한다.

정보통신 기업의 어느 상위 5퍼센트 리더는 "일상적으로 발생하는 눈앞의 긴급한 업무와 거리를 두면서 장기적인 목표 달성을 염두에 두고 진행 상황을 관리해야 합니다"라고 말했다.

재택근무나 원격근무를 하는 팀원이 늘어남에 따라, 업무의 질을 유지하면서 작업을 처리하는 가운데 가족과 함께 보내는 시간이나 자기 성장을 실현해나가기 위한 시간을 충분히 확보하는 등 긴 인생을 풍요롭게 만드는 시간 관리 기술이 요구되고 있다.

그만둬야 할 것부터 결정한다

스티븐 코비의 《성공하는 사람들의 7가지 습관》에 수록된 '시간 관리 매트릭스'는 어떻게 시간을 사용하고 있는지를 가시화해서 긴급성은 낮지만 중요도가 높은 작업에 시간을 할애하는 데 도움이 되는 방법이다.

또한 의사 결정 도구 '페이오프 매트릭스(Pay-off Matrix)'로도 작업을 정리할 수 있다. 페이오프 매트릭스는 '효과'와 '실현 가능성(실행 비용)'이라는 두 축으로 구성된 매트릭스를 사용해 아이디어를 효율적으로 선택할 수 있는 프레임워크다.

이 2가지 매트릭스를 이용해 현재 끌어안고 있는 작업을 2개의 평가축으로 나열하면 시각적으로 상대평가를 할 수 있다. 그 목적은 작업을 정리하는 것이 아니라 다음 행동으로 연결하기 위해 확인하는 것, 쉽게 말해 '무엇을 그만둘지 결정하는 것'이다.

'시간 관리 매트릭스'의 본질적인 목적은 긴급성과 중요도가 낮은 작업을 하느라 시간을 보내고 있지 않은지를 확인하고 긴급성은 높지만 중요도가 낮은 작업을 그만둘 용기를 발휘하는 것이다. 또한 '페이오프 매트릭스'는 파급 효과가 크지만 실현 가능성이 낮은 아이디어를 어떻게 해야 실현할 수 있을지를 논의하는 데 의의가 있다.

2가지 방식의 목적은 '실현 가능성과 파급 효과 둘 다 낮은 일', '실현 가능성은 높지만 파급 효과가 낮은 일'을 그만두는 것이다.

이처럼 프레임워크를 사용해 상대적으로 비교함으로써 '그만둬야 할 일'을 가시화하고 그만둘 일을 결정하지 않으면 작업은 계속 쌓이고 더불어 야근 시간도 계속 늘어난다.

상위 5퍼센트 리더는 팀이 꾸준히 성과를 낼 수 있는 방향으로 열심히 의사 결정을 한다. 그리고 이와 동시에 개선하기 위해 새로운 도전을 감행한다.

상위 5퍼센트 리더가 일반 리더와 다른 점은 노동시간을 생산적으로 사용한다는 것이다. 따라서 이들은 업무 결과를 내기까지 걸리는 시간이 상대적으로 짧다. 새로운 일에 도전하고 있음에도 노동시간이 짧은 이유는 '그만둘 일을 결정하기' 때문이다.

상위 5퍼센트 리더는 업무 처리 능력을 높이기보다 그만둘 일을 결정하는 것이 업무 처리 속도를 높이는 데 더욱 효과적임을 알고 있다.

상위 5퍼센트 리더의 공감력

맞장구의 가짓수가 5가지 이상이다

상위 5퍼센트 리더는 팀원들의 이야기를 잘 들어주는 사람이라는 평가를 받는다. 이들이 상대의 이야기를 경청할 수 있는 비결은 이야기하기 쉬운 환경을 만드는 것이다.

팀원들을 상대로 설문조사를 실시한 결과, "이야기를 잘 들어주는 사람은 대화할 때 '적절한 간격'을 지킨다"는 답변이 많았다. 이를 통해 상위 5퍼센트 리더는 '적절히 간격을 띄울 줄 안다'는 것을 발견했다.

실제로 상위 5퍼센트 리더가 대화하는 모습을 살펴보면 상대방이 이야기를 끝내기 전에 말을 시작하는 횟수가 적었다. 평균을 내보면 1시간 동안 양쪽의 발언이 겹칠 확률은 일반 리더의 4분의 1도 되지 않았다.

이야기를 듣는 것에 중점을 두고 상대방의 이야기에 귀를 기울이기 때문에 발언이 겹치지 않는 것이다. 또한 발언이 겹치지 않도록 자신이 이야기를 시작하기 전에 마음속으로 심호흡을 한 번 한다는 상위 5퍼센트 리더도 있었다.

어느 유통 서비스 기업은 사원들에게 심호흡을 한 번 한 다음 이야기를 시작하는 습관을 들이게 했는데, 그 결과 대화에서 상대방과 발언이 겹칠 확률이 70퍼센트 이상 줄어들었다고 한다.

상대방의 발언과 겹치지 않도록 적절한 간격을 띄우는 것도 중요하지만, 간격을 두는 데도 정도가 있다. 간격이 너무 길면 오히려 상대방이 불안해한다. 리더와 팀원 1만 8,154명을 대상으로 설문조사를 실시한 결과, 3초 이상 침묵하면 두려움을 느낀다는 사실이 밝혀졌다.

그래서 상위 5퍼센트 리더는 3초 이상 침묵하지 않도록 상대방이 이야기를 하다 막혔을 때는 이야기를 이어나갈 수 있게 도움을 주고, 맞장구를 치거나 고개를 끄덕임으로써 답변을 대신하는 등 자연스러운 분위기를 만들려고 노력한다.

상위 5퍼센트 리더의 다양한 리액션

상위 5퍼센트 리더는 맞장구의 가짓수가 많다는 것도 특징적이었다.

일반 리더는 상대방의 이야기를 들을 때 '응', '그렇군' 등 맞장구의 가짓수가 평균 2.5개 정도였다. 반면 상위 5퍼센트 리더는 '응', '그렇군'뿐 아니라 '아하', '맞아', '역시' 등 맞장구의 가짓수가 평균 5.2개나 되었다. 상황에 맞춰 여러 가지 패턴으로 적절하게 맞장구를 치는 것이다.

팀원을 대상으로 인터뷰한 결과, 듣는 사람의 맞장구가 단조로우면 정말로 이야기를 듣고 있는지 의구심이 든다고 한다. 반면 맞장구치는 단어를 바꾸기만 해도 '내 말을 제대로 듣고 있구나'라는 안도감이 생긴다는 것이다.

확실히 상대방이 '응, 응, 응'이라고 똑같은 맞장구만 반복하면 내 이야기를 한 귀로 듣고 한 귀로 흘리고 있다는 느낌이 든다.

다양한 방식으로 맞장구를 쳐주어야 상대가 자기 이야기를 진지하게 듣고 있다는 것을 느끼고 끊어지지 않고 자연스럽게 이야기할 수 있다.

PART
05

상위 5퍼센트 리더의
대화 습관

영향을 끼칠 수 있는 영역을 넓힌다

자신이 영향을 끼칠 수 있는 영역을 파악하고
그곳에 에너지를 투입한다

상위 5퍼센트 리더는 시간과 에너지가 유한하다는 사실을 누구보다 잘 알고 있다. 그래서 늘 한정된 시간과 에너지를 자신이 영향을 끼칠 수 있는 영역에 투입하려고 노력한다.

업무를 할 때나 일상생활을 할 때도 생각처럼 일이 풀리지 않는 경우가 많다. 그러나 자신이 영향을 끼칠 수 없는 영역에 시간과 에너지를 소비한다면 상황은 전혀 달라지지 않는다.

상위 5퍼센트 리더는 자기성찰을 통해 자신이 영향을 끼칠 수 있는 영역이 무엇인지를 알고 자신의 행동과 상황을 개선해서 그 영역을 넓히려고 노력한다.

자기 스스로를 돌아보고 반성하는 자기성찰의 시간을 통해 어디에 에너지를 쏟아부을지를 명확히 정하는 것이다.

자신이 영향을 끼칠 수 있는 영역에서 성과를 남기면 그 영역이 확장된다. 예를 들어 성과를 남기면 주위의 신뢰를 얻어 자신의 뜻대로 일할 수 있다. 더불어 사내 이동이나 이직 등의 선택지도 늘어날 것이다.

상위 5퍼센트 리더는 이 선택지를 늘려서 자신의 뜻대로 선택할 수 있는 것이야말로 '자신이 영향을 끼칠 수 있는 영역을 넓히는 방법'임을 이해하고 있다.

상위 5퍼센트 리더는 자기가 영향을 끼칠 수 있는 영역과 자신이 통제할 수 없는 영역이 있음을 팀원들에게도 이해시키면서 그들의 커리어 향상을 위한 상담에 응했다.

자신이 영향을 끼칠 수 있는 영역에 초점을 맞추고 자기성찰을 통해 배움을 얻어 다음 행동에 활용하면 반드시 성장할 수 있다. 행동을 바꾸면 성과를 내기 쉽고 회사 안팎에서 좋은 평가를 받을 수 있다. 좋은 평가를 받으면 그만큼 재량권이 생기므로 자신이 영향을 끼칠 수 있는 영역이 넓어진다.

자신이 영향을 미칠 수 있는 영역을 넓히는 것이야말로 상위 5퍼센트 리더의 정신적인 버팀대인 것이다.

어제의 지식을 과감히 버린다

변화에 맞춰서 성장하기 위해
항상 새로운 정보를 받아들인다

자기 긍정감이 지나치게 강해지거나 자기만족에 빠져버리면 자신을 갈고닦는 일을 소홀히 하게 된다.

상위 5퍼센트 리더는 자신의 생각을 고집하지 않고 다양한 의견을 받아들여 자신을 진화시킨다. 한정된 경험이나 지식에 지나치게 집착하면 성장이 멈춘다는 것을 알고 있기 때문이다.

상위 5퍼센트 리더가 업무 기술을 높이거나 정보를 수집하는 과정에서 끊임없이 업데이트를 지향하는 이유는 항상 새로운 정보를 접하고 다양한 의견을 받아들이기 위해서이다.

상위 5퍼센트 사원과 리더는 일본 정부가 힘을 쏟고 있는 '리커런트 교육(recurrent education, 다시 공부하기)'에 강한 관심을 보였다. 또한 바쁘게 일하는 가운데 비즈니스스쿨에서 공부하는 상위 5퍼센트 리더의 비율은 일반 리더의 4배 이상이었다.

실제로 상위 5퍼센트 리더의 78퍼센트가 개인의 업무 기술을 향상하고자 했다. 이를 위해서 기존에 배웠던 기술이나 지식을 버릴 각오를 하고 있는 사람도 61퍼센트나 되었다. 이것은 일반 리더에 비해 4배 이상 높은 수치다.

예를 들어 상위 5퍼센트 리더 중에는 5년 전에 취득한 IT 관련 자격을 명함에서 지운 사람들이 많았다. 영어 평가 시험이나 금융설계사 등의 자격을 자랑하는 사람이 있는 가운데, 이전에 취득한 사회보험노무사나 커리어 컨설턴트 자격을 숨기는 리더도 있었다.

상위 5퍼센트 리더는 자격을 취득하는 것 자체가 목적이 아니며 '취득한 자격을 바탕으로 무엇을 이룰 것인가?'가 목적이라고 이야기했다. 가치를 창출하지 못하는 자격은 없는 것이나 다름없다고 생각하는 것이다.

상위 5퍼센트 리더는 결과와 성과를 내는 것을 습관화하고 있으므로 이를 위해 끊임없이 책을 읽고 지식을 습득한다. 그러나 '책을 읽어야 해!'라고 의식하지는 않으며, 물을 마시는 것처럼 생활 속에서 자연스럽게 책을 읽는다. 독서량은 1년에 평균 49권으로 일반 리더의 12배나 되었다.

상위 5퍼센트 리더는 세상의 변화에 맞춰 자신을 업데이트하려면 새로운 경험이나 지식을 끊임없이 취득하고 낡은 지식은 버릴 필요가 있음을 이해하고 있는 것이다.

표정으로 100퍼센트 전달한다

비언어 커뮤니케이션을 통해
불필요한 오해의 가능성을 없앤다

출근과 텔레워크가 함께 실시되는 하이브리드 업무 환경에서는 언어에 의지하지 않는 비언어 커뮤니케이션의 중요성이 떠오르고 있다. 온라인으로 대면하는 비중이 늘어나는 시대에 표정이나 목소리 톤, 분위기, 시선 등은 언어 이상으로 큰 역할을 한다.

미국의 심리학자 앨버트 메라비언(Albert Mehrabian)은 한 사람이 상대방으로부터 받는 이미지에 따른 커뮤니케이션 이론으로 '메라비언의 법칙(3V 법칙)'을 발표했다.

그에 따르면 표정이나 시선 등 겉모습을 통한 '시각(Visual) 정보'가 상대방에게 끼치는 영향은 55퍼센트, 목소리 톤이나 말하는 속도 등의 '청각(Vocal) 정보'가 끼치는 영향은 38퍼센트, '언어(Verbal) 정보'가 끼치는 영향은 7퍼센트라고 한다.

메라비언의 법칙은 '시각 정보가 상대방의 마음을 움직인다'고 해석되는 경우가 종종 있는데, 이것은 올바른 해석이 아니다. 이것은 '시각 정보', '청각 정보', '언어 정보' 3가지 중 어느 하나라도 일치하지 않을 경우 '시각 정보 > 청각 정보 > 언어 정보'의 순서로 인지된다는 의미다. 그러므로 메라비언의 법칙을 이용한다면 '시각', '청각', '언어' 3가지 정보를 전부 일치시키는 것이 중요하다.

이 3가지 정보가 일치하지 않으면 생산성이 떨어질 때가 있다. 전후의 문맥이나 분위기를 읽으며 커뮤니케이션을 하는 경향이 강한 일본인은 상대방의 기분이 상하지 않았는지 확인하면서 신중하게 커뮤니케이션을 한다.

상사가 화가 난 것 같으면 팀원들은 가급적 말을 걸지 않거나 필요 이상으로 많은 보고서를 작성해서 설명하려고 시도한다.

대화가 적은 상태에서는 인식의 차이가 발생하기 쉽다. 특히 문제가 되는 인식의 차이는 '불쾌해 보이는 표정'이다.

본인은 전혀 화나 있지 않은데 주위 사람들은 기분이 상한

줄 알고 과도하게 조심하는 경우이다. 특히 남성은 나이를 먹으면 얼굴의 근육량이 감소해 화를 내고 있는 것처럼 보이기 쉽다.

나 역시 나도 모르는 사이에 입꼬리가 처져 있거나 미간에 가벼운 주름이 생겨 주위 사람들이 화가 난 것으로 오해하고 말을 걸지 못할 때가 있다. 내 경험상 여성은 의식하지 않아도 입꼬리가 살짝 올라간 사람이 많으며, 남성은 기본적으로 입꼬리가 처져 있는 사람이 많다.

기분이 나쁘지도 않은데 마치 기분이 나쁜 것 같은 인상을 주면 주위 사람들도 조심스러워질 수밖에 없다. 다만 나 같은 중년 남성이 자연스럽게 웃기는 쉬운 일이 아니다. 억지로 웃으면 부자연스러울 뿐만 아니라 놀리는 것처럼 비쳐질 수도 있다.

입꼬리와 커뮤니케이션의 상관관계

커뮤니케이션의 달인이기도 한 상위 5퍼센트 리더도 비언어적 커뮤니케이션, 특히 표정에 신경을 많이 쓴다.

크로스리버가 상위 5퍼센트 리더를 대상으로 인터뷰했을 때도 불쾌해 보이는 표정을 짓는 사람은 거의 없었다. 반면 일반 리더 중에는 무서운 표정을 짓고 있는 사람이 종종 보였다. 그렇지 않아도 바쁜데 인터뷰 때문에 시간을 빼앗긴 것을 불쾌하게 여긴 사람도 당연히 있을 것이다. 사실은 전혀 기분 나쁘지 않은데 불쾌한 듯한 인상을 쓰는 사람도 분명 있을 것이다.

하지만 상위 5퍼센트 리더는 대부분 자연스러운 표정으로 대응해줘서 질문하기가 매우 편했다.

왜 상위 5퍼센트 리더에게는 질문하기가 편했는지 분석한 결과, 입꼬리의 각도에 차이가 있음을 발견했다. 상대의 이야기를 진지하게 들어주고 있다는 인상을 주는 사람들은 한결같이 입꼬리가 올라가 있었던 것이다.

이를 통해 우리는 입꼬리의 각도가 심리적 안전감에도 영향을 미치는 것이 아닐까 추측했다. 입꼬리가 일직선, 즉 수평 상태라면 이야기를 진지하게 듣고 있다는 인상을 주고, 입꼬리가 처져 있으면 불쾌한 것처럼 보인다.

입꼬리를 어느 정도 올리는 것이 좋은지에 관한 과학적인 데이터를 입수할 수는 없었지만, 적어도 2센티미터 정도 올리면 불쾌한 표정으로 보이지 않는다.

인터뷰에 응해준 상위 5퍼센트 리더 중에 28명을 무작위로 추출해 이야기를 듣고 있는 모습을 확인한 결과, 입꼬리가 2센

티미터 정도 올라가 있음을 발견했다. 이야기를 듣고 있을 때
는 2센티미터, 자신이 이야기할 때는 3센티미터 정도 입꼬리가
올라가 있었다.

일반 리더 20명을 추려 이야기하는 동영상을 확인한 결과 입
꼬리가 올라가 있었던 사람은 20퍼센트에 불과했다.

이것은 가설이지만, 상위 5퍼센트 리더처럼 입꼬리를 2센티
미터 정도 올리는 습관을 들이면 상대방에게 오해를 사는 일을
피할 수 있을 것이다.

상위 5퍼센트 리더는 오해를 살 만한 표정을 짓지 않으며, 상
대방이 편하게 말할 수 있는 표정과 분위기를 만들어서 쌍방향

잘 전해지기 위한 커뮤니케이션 방식

	비언어 기술			분위기
			표정	표정
		목소리·말투	목소리·말투	목소리·말투
	대화의 리듬	대화의 리듬	대화의 리듬	대화의 리듬
말	말	말	말	말
이메일	메신저	전화	온라인 회의	대화

대화를 이끌어나간다.

 발성 훈련을 하면 목소리가 또렷하게 들리는 것과 마찬가지로, 훈련을 통해 자연스럽고 불쾌함을 주지 않는 표정을 만들수 있다면 인간관계도 원활해질 것이다.

상위 5퍼센트 리더의 다이어리

**의욕이나 피로감에 좌우되지 않도록
자기성찰의 시간을 통해 몸과 마음을 제어한다**

상위 5퍼센트 사원은 자연스럽게 자신의 활동을 되돌아보는 습관을 가지고 있었다.

그들은 2주에 한 번 캘린더를 보면서 처리한 업무와 성과를 정리해본다. 이렇게 자신의 활동을 되돌아보는 빈도는 일반 사원의 8배 이상이었다.

더 나아가서 상위 5퍼센트 리더는 되돌아보는 시간을 확보할 수 있는 시스템을 만들었다.

수첩이나 캘린더에 되돌아보는 시간, 즉 '자기성찰 시간'을 미리 표시해놓았던 것이다. 리더들에게는 일상 업무 이외에도 여러 가지 불규칙한 일정이 발생하게 마련이다. 그 결과 자신도 모르는 사이에 일정표가 사내 회의로 가득 차는 경우도 적지 않다.

팀원들이 부담 없이 말을 걸어주기를 바라고 약간의 휴식을 원하는 상위 5퍼센트 리더는 여유 시간을 미리 확보해둔다.

상위 5퍼센트 리더의 그룹웨어를 조사한 결과, 10분에서 15분 단위의 메모가 일반 리더의 2.8배나 되었다.

회의나 이동 중에 틈틈이 간단한 용건이나 휴식을 끼워 넣었던 것이다. 다만 틈새 일정을 전부 캘린더에 집어넣으면 팀원들에게는 하루 종일 일정이 꽉 차 있는 것처럼 보이기 때문에 공개적으로는 '비어 있는 시간'으로 설정하는 것이다.

상위 5퍼센트 리더는 틈새 시간을 자기성찰 시간으로 활용했다. 이를테면 수요일이나 금요일 오후 3시경에 10~15분 정도 자기성찰 시간을 설정하고, 커피를 마시면서 자신이 처리한 업무와 성과를 되돌아봤다.

또한 그것을 투두(ToDo) 리스트에 적어 넣고 진행 상황도 확인했다. 상위 5퍼센트 사원은 무의식적으로 자기성찰을 했지만, 상위 5퍼센트 리더는 치밀하게 계획을 짜서 자신의 일정에 포함했으며 자기성찰의 결과를 메모로 남겼다. 일상 업무의 일환으로 자기성찰을 실천하지 않으면 그 작업 자체를 잊어버릴 수 있음을 깨달은 것이다.

상위 5퍼센트 리더는 지속적으로 성과를 내는 것이 목적이기 때문에 의욕이 떨어지거나 피로할 때조차 계속 행동할 수 있는 시스템을 만들었다. 캘린더에 자기성찰 시간을 미리 적어두고 투두(ToDo) 리스트를 이용해 점검하는 것이다.

디지털 세계를 활보하는 리더

기회를 얻을 확률을
의도적으로 높인다

앞에서 이야기했듯이 상위 5퍼센트 리더는 걷는 속도가 느리다. 이것은 상대방이 말을 걸 수 있도록 틈을 주고 여유로워 보이기 위해서가 아닐까 생각된다.

"잠시 시간 좀 내주실 수 있을까요? 드릴 말씀이 있습니다"라고 부담 없이 말을 걸 수 있도록 빈틈을 만드는 것이다.

기회는 누군가 가져다주는 것임을 이해하고 있는 상위 5퍼센트 리더는 타인과의 접촉을 거부하지 않는다.

특출한 성과를 내서 독보적인 평가를 받고 있는 상위 5퍼센트 리더는 질투의 대상이 되기도 한다. 때로는 수상한 사람이 접근하기도 하지만 그런 것을 알고도 사람들과의 관계를 차단하지는 않는다.

먼저 사람들과 접촉해보고, 자신의 평가 기준에 입각해 그 사람과 관계를 맺을지 말지 판단한다. 사람들을 만날 기회를 의도적으로 늘려 인간관계를 확대해나감으로써 우연한 기회가 찾아올 가능성을 높이는 것이다.

이런 경향은 위드코로나 시대에도 현저하게 드러났다. 상위 5퍼센트 리더는 우연한 만남을 만들기 위해 디지털 세계에서도 열심히 돌아다닌다.

코로나 팬데믹으로 온라인 세미나가 급격히 증가했다. 특히 평일 저녁에는 무료 학습형 온라인 세미나가 활발히 개최되고 있으며, 덕분에 오프라인 공간을 직접 찾아가기 어려웠던 세미나에 부담 없이 참가할 수 있다.

온라인 세미나 중에는 제품이나 서비스를 판매하기 위한 것도 있지만, 상위 5퍼센트 리더는 정보를 얻을 수 있는 여러 세미나에 참가했다. 그리고 '여기서는 얻을 게 없다'고 생각한 세미나에서는 즉시 퇴장함으로써 시간을 아꼈다.

때로는 생각지도 못한 수확을 얻는 경우도 있다. 상위 5퍼센트 리더는 3개월 이상 찾아 헤매던 해결책을 30분짜리 세미나에서 발견했다든가, 3시간을 들여서 읽었지만 잘 이해되지 않았던 책의 본질을 온라인 독서회에 참가해서 완전히 이해할 수 있었다는 경험을 이야기했다.

약 1만 7천 명의 직장인을 대상으로 설문조사를 실시한 결과, 온라인 세미나에 참가한 적이 있는 사람은 전체의 62퍼센트였다. 상위 5퍼센트 리더 중에서는 그 비율이 98퍼센트에 이르렀다.

세미나에 정기적으로 참가하는 비율은 일반 리더의 경우 22퍼센트인 데 비해 상위 5퍼센트 리더는 77퍼센트로 약 3.5배나 많았다. 상위 5퍼센트 리더는 디지털 세계에서도 활동량을 늘려서 '우연한 만남'이 찾아올 가능성을 높이고 있었다.

이와 같이 우연을 필연으로 만들기 위해 움직이는 것이 상위 5퍼센트 리더의 특징이다.

텔레워크를 활용하는 방법

텔레워크의 가장 큰 장점은 업무 효율을 높이고 장소와 상관없이 공동 작업을 할 수 있다는 것이다.

그러나 한편으로는 물리적인 대면 기회가 줄어들기 때문에 감정을 공유하거나 심리적 안전감을 구축하기 어려운 것도 사실이다.

앞으로는 상황에 맞춰서 출근과 텔레워크를 병행하는 하이브리드 근무가 침투할 것으로 예상된다. 그렇게 되면 긍정적인 인간관계를 유지하고 과도하게 눈치를 살피지 않으면서 영리하게 공동 작업을 진행해나가는 능력이 더욱 중요해질 것이다.

상위 5퍼센트 리더는 그런 움직임을 남들보다 먼저 파악하고 출근했을 때나 텔레워크를 할 때나 팀원들과 관계를 구축하기 위해 의식적인 노력을 한다.

리더의 주요 임무는 업무를 원활하게 진행하기 위해 사람과 시간이라는 자원을 재배치하는 것이다. 텔레워크와 출근을 병행하는 하이브리드 근무 환경에서는 이것을 조정하기가 어려워질 것이다. 단기적인 목표 달성이 아니라 지속적으로 특출한 성과를 내는 것이 목적인 상위 5퍼센트 리더는 긴급성은 낮지만 중요도가 높은 일에 인원과 시간을 재배치하려 한다.

상위 5퍼센트 리더는 팀원을 육성하는 데 특히 힘을 쏟는다. 상사와 부하 직원이 향후의 커리어에 관해 정기적으로 대화를 나누는(이것을 커리어 디스커션이라고 부른다) 제도를 만든 기업이 많은데, 형식적인 커리어 디스커션(career discussion)은 오히려 팀원의 의욕을 떨어뜨린다. 더구나 요즘처럼 급변하는 시대에는 3년 후, 5년 후의 자신을 상상하기가 결코 쉽지 않다.

명확한 미래의 목표가 없는 팀원도 있을 것이다. 개중에는 눈앞의 업무를 처리하는 데 급급할 뿐 미래의 일은 생각할 여유조차 없는 사람들도 많다.

상위 5퍼센트 리더는 강제로 커리어 비전을 구축하려 하지 않고 팀원들이 먼저 자신이 할 수 있는 일이나 하고 싶은 일이 무엇인지 생각할 기회를 만들어준다.

커리어 디스커션을 할 때는 어떤 커리어를 쌓고 싶은지 물어보기보다 과거의 자신과 현재의 자신을 되돌아보고 좋았던 점이나 나빴던 점을 성찰하도록 유도하면서 미래에 관해 이야기를 나눈다.

나 역시 3년 전 혹은 5년 전의 내가 지금의 나를 상상할 수 있었을지 되돌아보면 그럴 것 같지 않다는 생각이 든다.

실제로 커리어라는 것은 계획대로 진행되기보다 무엇인가 우발적인 계기를 통해 이루어질 때가 많다.

나는 18명의 멘티들에게 커리어에 관해 코칭했는데, 커리어의 70퍼센트는 '우연한 만남'에서 비롯되는 것이라고 생각한다.

이를테면 회사의 복도에서 마주친 옆 부문의 리더가 갑자기 말을 걸어서 잡담을 나눈 것이 이후의 인사 이동에 영향을 끼치기도 한다. 잡지에서 우연히 온라인 세미나 정보를 접하고 흥미를 느껴 참가했는데 그곳에서 엄청난 감흥을 느낀 커리어 모델을 접할 수도 있다. 별 생각 없이 서점에 갔다가 눈에 띈 책을 집어 들었는데 그 책이 자신의 인생을 바꿔놓는 경우도 있다.

'우연한 만남'을 연출한다

그러나 텔레워크의 실시로 행동이 제한되면 그런 우연한 만남의 기회가 줄어든다. 다른 부문의 사람들을 끌어들이거나 사소한 잡담에서 비즈니스 아이디어를 얻기가 어려워지는 것이다.

상위 5퍼센트 리더는 팀원의 '우연한 만남'을 연출하기 위한 방법을 모색한다. 일대일 미팅을 리더 자신만 하는 것이 아니라 입사 동기에게 의뢰하기도 하고, 흥미로운 온라인 세미나에 함께 참가한다.

팀원에게 책을 추천해달라고 해서 그 책을 읽고 감상을 공유한 뒤, 자신도 팀원에게 책을 추천해 새로운 발견을 할 수 있도록 돕기도 한다.

그중에서 책을 읽고 감상을 공유하는 독서회는 많은 기업에서 큰 성과를 올리고 있다. 비즈니스 서적뿐만 아니라 시대극이나 그림책 등을 주제로 온라인 독서회를 개최함으로써 조금이라도 흥미를 가진 사람들이 임의로 참가할 수 있는 환경을 만들었다.

독서 감상을 듣고 실제로 그 책을 읽은 뒤 자신의 업무 방식을 바꾼 사람도 있었다. 추천하는 그림책을 보고 색채 감각에 자극받아 색칠 공부에 푹 빠진 40대 남성도 있었다. 이처럼 우연한 만남을 통해 생각이나 행동을 바꾼 사례가 많다.

무엇이 일어날지 알 수 없는 일에 시간을 쓰는 것은 언뜻 낭비처럼 보이기도 한다. 그러나 씨앗을 뿌리지 않고서는 싹을 틔울 수 없다. 상위 5퍼센트 리더는 비즈니스든 커리어든 기회는 얼마든지 있다고 믿는다.

다만 그 기회를 깨닫지 못한다면 아무런 변화도 일어나지 않는다. 상위 5퍼센트 리더는 안테나를 높이 세우고 그 안테나에 걸리는 기회들을 팀원들에게 꾸준히 제공함으로써 서로의 의식을 높이는 동시에 일체감을 갖고 과제를 해결하는 강력한 조직을 만들고자 한다.

상위 5퍼센트 리더에게 '운'이란?

**'우연한 만남'을 끌어들여서
자기 성장으로 연결한다**

상위 5퍼센트 리더는 '기회는 하늘에서 떨어지는 것이 아니라 사람이 가져다주는 것'이라고 믿는다. 그리고 기회를 조금이라도 더 많이 접하기 위해 노력한다.

지속적으로 특출한 성과를 내면서 회사 안팎에서 높은 평가를 받고 있는 상위 5퍼센트 리더 중에는 자만에 빠져 교만하게 행동하는 사람들도 있지만, 대부분은 주위 사람들이 생각하는 것만큼 자신의 실력이 뛰어나다고 생각하지 않는다.

인터뷰 중에도 "운이 좋았다", "환경 덕을 봤다" 같은 긍정적인 말이 일반 리더보다 압도적으로 많이 나왔다. 특히 "좋은 사람들의 도움을 많이 받았다"는 발언은 일반 리더의 7.7배, 상위 5퍼센트 사원의 1.8배나 많았다.

나 역시 과거를 되돌아보면 성과의 80퍼센트 이상은 주위 사람들이 가져다준 기회 덕분이었다는 생각이 든다. '나의 행동을 개선할 기회를 주는 것은 사람'임을 실감한다.

물론 찾아오는 모든 기회가 성과로 이어지는 것은 아니다. 하지만 자신의 껍질 속에 틀어박혀서 아무것도 하지 않기보다는 누군가 가져다준 기회를 바탕으로 조금씩이라도 행동을 바꾸는 편이 자기 발전에 한 걸음 더 다가가는 방법이다.

인생을 건 커다란 도전이 아니라 실패하면 얼마든지 수정할 수 있는 도전을 통해 작은 행동 변화를 거듭해나가다 보면 성과를 낼 수 있다는 사실을 상위 5퍼센트 리더는 잘 알고 있다.

상위 5퍼센트 사원 중에는 자만심을 가진 사람도 있고, 대체로 목표 달성이나 비즈니스 자체에 관심이 많았다. 그러나 상위 5퍼센트 리더는 에너지의 방향이 사람에게 향하고 있다.

기회는 사람이 가져다주는 것이라는 대전제를 이해하고 있기에 사람에게 흥미와 관심을 품고, 그것이 자연스럽게 팀원에 대한 흥미와 관심으로 이어진 것이다.

기회를 놓치지 않는 법

'사람이 가져다주는 기회'를 놓치지 않으려면 사람과의 접촉을 차단하지 않는 것이 중요하다.

개중에는 악의를 품고 접근하는 사람도 있을지 모른다. 상대방의 자존심에 상처를 입힘으로써 만족감을 얻는 사람이 있는 것도 사실이다. 자기가 우월하다는 것을 과시함으로써 자존심을 지키려 하는 사람도 있다. 누구나 그런 사람들과는 만나고 싶지 않을 것이다.

그러나 사람들과의 관계를 차단하는 것은 근본적인 해결책이 아니다. 기본적으로는 상대를 믿고 크게 실망하지 않도록 주의하면서 사람들이 가져다주는 기회를 자신의 것으로 만드는 것이 미래의 선택지를 넓히는 방법이다.

'비즈니스를 할 때는 변화를 좋은 기회로 파악하고 의식이 아니라 행동을 바꿈으로써 자기 선택권과 성장의 기쁨을 획득한다.'

이것이 상위 5퍼센트 리더의 비전이다.

우연히 어느 기업의 의뢰를 받아 상위 5퍼센트 사원을 조사한 뒤로 나의 일하는 방식이 크게 변화했다.

목표 달성을 위한 지름길을 모색하고 자신의 약점을 드러내면서 인간관계를 구축하는 상위 5퍼센트 사원은 나의 행동에 큰 영향을 끼쳤다. 그리고 상위 5퍼센트 리더를 대상으로 인터뷰와 설문조사를 실시하면서 또다시 행동을 바꿀 기회를 얻을 수 있었다.

- 회의를 시작할 때 2분 동안 잡담을 나누면서 심리적 안전감을 구축한다.
- 비즈니스뿐만 아니라 비즈니스에 관여하고 있는 사람들에게 관심을 갖는다.
- 의욕과 상관없이 행동을 계속할 수 있는 시스템을 만든다.

다른 사람들이 가져다주는 우연한 기회를 놓치지 않고 자신의 행동으로 연결함으로써 지속적으로 성과를 내는 상위 5퍼센트 리더는 이러한 방식을 팀원들에게 전수하고 그들이 최대한 많은 기회를 접할 수 있도록 돕는다.

약점을 드러내서 인맥을 넓힌다

자신을 열어 사람들과 강한 관계를 형성하고
배움의 기회를 늘린다

여러분이 신뢰하고 있는 사람들을 한번 떠올려보자. 가족, 배우자, 동료, 상사……. 그들은 여러분에게 자신의 약점을 보여주고 있지 않은가? 그래서 신뢰할 수 있다고 생각하게 되었을 것이다.

리더가 될 정도로 능력이 뛰어난 사람들 중에는 자존심이 강한 사람들이 많다. 또는 리더가 되고 난 뒤에 자존심이 강해진 사람도 있을 것이다.

물론 자존심이 필요할 때도 있다. 그러나 팀원들과 함께 일할 때는 내려놓아야 할 것이 바로 자존심이다. 자존심을 강하게 내세우다 보면 팀원들을 위축시킬 수가 있기 때문이다. 팀원이 위축되어 있으면 대화를 나눌 수 있는 분위기가 만들어지지 않는다. 리더의 자존심이 팀원들에게 심리적 장벽이 되어버리는 것이다.

그래서 팀원과 관계를 구축할 때 효과적인 것이 심리학 용어로 '자기 개시'다. 어떤 의도 없이 자신이 가지고 있는 정보를 있는 그대로 전하는 것, 한마디로 마음을 여는 것이다.

자기 개시의 효과는 히로시마 대학교의 심리학 연구를 통해서도 입증되었다. 2004년에 발표된 논문 〈자기 개시가 친밀함과 커뮤니케이션 미디어에 끼치는 영향〉에 따르면 상담할 때 마음을 터놓고 이야기하면 친밀감이 높아진다고 한다. 깊은 관계가 구축된다는 사실이 실험을 통해 증명된 것이다.

개인적인 정보 이외에 자신의 '감정'을 상대방에게 전하는 것도 자기 개시다. 자신의 기분이나 생각을 숨김없이 털어놓음으로써 상대방의 공감이나 이해를 얻는 것이다.

이것은 심리학 개념인 '상호성의 원리'와 통하는 측면이 있다. 타인에게 무엇인가를 받으면 보답해야 한다는 마음이 드는 것을 '상호성의 원리'라고 한다.

먼저 상대방이 자기 개시를 하면 자신도 같은 수준의 정보를 털어놔야겠다고 생각하는 것은 상호성의 원리에 따른 심리다.

'상호성의 원리'는 신뢰를 쌓을 때도 응용할 수 있다. 상대방이 마음을 터놓고 솔직하게 이야기하면 자신도 마음을 터놓고 이야기하고 싶은 생각이 든다.

예를 들어 팀원이 어떨 때 일하는 보람을 느끼는지 알고 싶다고 하자. "자네는 어디서 일하는 보람을 느끼는가?"라고 대뜸 물어보면 12퍼센트밖에 대답해주지 않는다.

그러나 먼저 '나는 이럴 때 일하는 보람을 느꼈다'는 자신의 경험을 이야기한 다음 "나처럼 일하는 보람을 느낀 적이 있나?"라고 물어보면 78퍼센트가 자신이 어떨 때 일하는 보람을 느끼는지를 대답해준다.

넓고 깊은 인맥

실제 비즈니스에서는 많은 사람들을 끌어들여서 복잡한 문제를 해결해나가야 하는데, 이를 위해서는 양질의 인맥이 필요하다.

최근에 자주 등장하는 '디자인 사고(Design Thinking)'는 '왜?'를 중심으로 문제 해결책을 구체화하는 기법이다. '디자인 사고'는 엔지니어와 비즈니스 전문가, 디자이너가 역할을 분담해 삼위일체로 진행한다. 세 분야의 이질적인 팀원들이 힘을 모아 혼자서는 생각하지 못했던 발상을 떠올리거나 각각의 아이디어를 결합해서 프로젝트를 진행하는 것이다. 또한 프로젝트 팀원들의 강점과 약점을 이해하면 책임 범위를 명확히 할 수 있으며 하나의 목표를 향해 달려나갈 수 있다.

의식이 높고 비전을 공유할 수 있는 팀원이나 사외 강습회 등에서 알게 된 비즈니스 전문가 등 여러 분야에서 일하는 다양한 사람들이 모여 '너를 위해서라면', '너와 함께라면' 식의 관계를 구축하면 엄청난 시너지를 낼 수 있다. 문제 해결이나 목적을 달성하는 데 도움이 되는 아이디어가 더 많이 나올 수 있기 때문이다. 또한 그런 인맥을 유지할 수 있다면 외부의 변화도 빠르게 깨달을 수 있다.

상위 5퍼센트 리더는 이런 관계를 형성하는 능력을 바탕으로 인맥을 넓혀서 과제 해결을 위한 선택지를 늘리는 것이다.

상위 5퍼센트 리더는
음성 인식에 투자한다

상위 5퍼센트 리더는 일반 리더보다 키보드 두드리는 소리가 더 큰 경향이 있었다. 키보드를 열심히 두드리고, 마지막에 엔터키를 더욱 세게 누르면서 살짝 미소 짓는 사람들이 많았다.

왜 그렇게 키보드를 세게 두드리는지 당사자에게 물어봐도 명확한 답변은 돌아오지 않았다. 아무래도 무의식중에 키보드를 세게 두드리는 모양이었다.

이후에 동영상 데이터를 확인하고 인터뷰를 하면서 알게 된 사실은, 중요한 이메일을 보낼 때나 자료 작성을 마쳤을 때 단락을 짓는다는 의미에서 키보드를 세게 누르는 경향이 있다는 것이었다.

회사에서는 키보드 소리가 크면 다른 사람들에게 방해가 될 것이다. 다만 상위 5퍼센트 리더는 출근했을 때보다 텔레워크를 할 때 키보드를 세게 두드리는 경향이 있다는 사실도 알게 되었다.

회사에 있을 때는 주위 사람들을 배려해서 적당히 세게 두드리는 듯하다. 또한 온라인으로 고객과 대화할 때도 키보드를 세게 두드리지 않았다.

상위 5퍼센트 리더는 '전해지는 것'을 중요하게 여기기 때문에 마이크의 성능이나 설치 장소에 세심한 주의를 기울인다. 헤드폰에 달려 있는 마이크의 끝이 뺨이나 마스크, 옷깃에 닿아 소리에 잡음이 들어가는 일이 없도록 조심한다.

또한 상위 5퍼센트 리더는 마이크에 투자하고, 일반 리더는 카메라에 집착하는 경향이 있다는 사실도 밝혀졌다. 상위 5퍼센트 리더는 듣는 사람이 불쾌함을 느끼지 않도록 수음(受音) 성능이 좋고 잡음이 적게 들어가는 마이크를 고른다. 한편 일반 리더는 겉모습이나 표정이 잘 보이도록 고해상도 카메라에 투자한다.

상대방 중심의 커뮤니케이션을 실현하기 위해서라면 상위 5퍼센트 리더의 선택이 옳을 것이다. 물론 영상을 끄는 것보다 켜는 것이 낫고, 영상이 선명하면 희로애락이 잘 드러나 상대에게 신뢰를 얻을 수 있는 것도 사실이다.

하지만 카메라 해상도나 품질이 성과에 직접적인 영향을 끼치는 일은 없다. 반면 선명한 음성은 성과에 영향을 끼친다. 온라인 상담에서는 잡음이 없을 때 계약 성사율이 높았던 것이다. 상대방은 영상보다 음성이 좋지 않을 때 더욱 불쾌감을 느끼므로 선명한 음성을 전하기 위해 고성능 마이크를 준비하는 것은 합리적인 선택이다.

PART
06

상위 5퍼센트 리더의
관계력

생각하기 전에 행동한다

성공 체험으로 의식의 변혁을 꾀한다

상위 5퍼센트 사원은 '의식을 바꾸는 것은 불가능하다'고 생각했는데, 이것은 상위 5퍼센트 리더도 마찬가지였다.

의식이 바뀌기를 기다렸다가는 5년 또는 10년이 걸릴 수도 있다. 따라서 먼저 행동을 바꿈으로써 결과적으로 의식을 바꾸는 순서로 접근해야 한다는 것을 상위 5퍼센트 사원과 상위 5퍼센트 리더 모두 이해하고 있었다.

다만 상위 5퍼센트 리더는 조직 전체의 생산성을 높일 방법을 모색하기 때문에 자신뿐만 아니라 팀원들의 행동을 변혁하는 데 힘을 쏟았다.

그래서 상위 5퍼센트 리더가 궁리해낸 방법은 설령 팀원이 실패하더라도 질책하지 않고 행동의 횟수를 늘리는 것이다. 예를 들어 영업 부문에서는 계약 성사율을 높이는 것보다 제안 건수를 늘리는 것을 높이 평가했다. 이때 계약 성사율은 오르지 않는 것을 전제로 했다.

더 많은 행동을 할수록 더 많은 것을 배워서 다음 행동에 활용할 수 있다고 믿는 것이다. 각각을 성공 또는 실패라는 기준으로 판단하지 않고 작은 실패를 거듭해서 최종적으로 큰 성공으로 연결하는 것을 지향한다.

목표를 달성하는 데 사용하는 기법인 PDCA(계획Plan – 실행 Do – 평가Check – 조정Adjust)를 계속 반복함으로써 빠르게 행동을 수정해 최단시간에 성공에 도달하는 것이다.

팀원들은 새로운 도전을 주저하기 마련이다. 그래서 상위 5퍼센트 리더는 팀원에게 정신적인 허들(hurdle, 장애물)이 낮고 어렵지 않은 행동을 시킨 다음 일대일의 대화를 통해 감상을 듣고 피드백을 함으로써 작은 의식의 변혁을 이끌었다.

행동을 바꿔 도전한 것에서 성과를 내고 성취감과 자신감을 얻은 팀원이 있으면 팀 내에 긍정적인 분위기가 조성된다.

정신적인 허들이 낮은 간단한 행동 실험을 통해 작은 의식 변혁을 실현하면 행동을 바꾸는 것에 대한 심리적인 허들이 낮아지며, 조금 더 어려운 행동 실험에 도전할 용기가 생긴다.

인정 욕구를 채워준다

16만 3천 명을 대상으로 "당신은 어떨 때 일하는 보람을 느꼈습니까?"라는 자유 기입식 설문을 실시한 결과 대부분의 대답에 '달성', '인정', '자유'라는 키워드가 들어가 있었다.

그중에서도 특히 많은 것은 '인정'으로, "고객에게 감사하다는 말을 들었을 때", "보너스가 조금 많다고 느꼈을 때" 등에서 인정받고 싶은 욕구가 충족되었다고 대답한 사원이 많았다. 이를 통해 인정받고 싶은 욕구를 자극하면 의욕이 높아진다는 것도 알게 되었다.

작은 행동 변화로 성취감을 얻고, 리더에게 인정받음으로써 일하는 보람이 커진다. 상위 5퍼센트 리더는 이렇게 성과를 달성하고 인정받는 일을 반복하며 성장해나가는 팀원에게 상으로 (책임과 표리일체인) '자유'를 부여한다.

상위 5퍼센트 리더가 이 메커니즘을 명확히 이해하고 운용한 것은 아니다. 그러나 작은 성취감을 맛보면 행동의 장벽이 크게 낮아진다는 사실을 상위 5퍼센트 리더 중 72퍼센트가 이해하고 있었다.

이 발상은 팀원과의 일대일 미팅에서 더욱 두드러졌다.

상위 5퍼센트 리더는 행동을 통해 의식을 바꾸려 하기 때문에 팀원의 에너지를 높여서 어떻게든 행동으로 연결하는 것을 대화의 목표로 삼는다.

이 차이는 설문조사 결과에서도 명백히 드러났다.

일대일 미팅의 목적을 묻는 질문에 일반 리더는 "커뮤니케이션을 하기 위해"라는 답변을 가장 많이 했으며, "좋은 관계를 만들기 위해"라는 대답이 그 뒤를 이었다.

한편 상위 5퍼센트 리더는 "상대방의 행동을 촉진하기 위해"라는 대답을 가장 많이 했다. 다만 팀원을 생각대로 움직이게 하는 것은 그렇게 간단한 일이 아니다. 상위 5퍼센트 리더는 2가지 법칙으로 상대방의 행동을 촉진했다.

첫째, 상대방이 하고 싶다고 생각하도록 유도하는 것이다.

먼저 의의와 목적, 그리고 상대방이 얻게 되는 이익을 이야기해 관심을 높인다. 이를 위해 다짜고짜 본론부터 이야기하지 않고 먼저 상대방이 기분 좋게 이야기하도록 유도한다.

"이걸 해야 해"라고 일방적으로 지시하는 것이 아니라 "이걸 하는 편이 좋을 거야"라며 은근히 흥미를 돋우는 것이다. 물론 이것으로 팀원이 즉시 행동에 나서지는 않는다. 상위 5퍼센트 리더는 마지막에 행동을 부추기는 동시에 작은 실험을 제안한다.

예를 들어 "다음 달에 한 번만 일찍 일어나 보지 않겠나?"와 같은 제안이다. 팀원은 흥미가 높아진 상태이므로 허들이 낮은 도전이라면 '해보자'라고 생각하게 된다.

그러나 상위 5퍼센트 리더는 여기에서 만족하지 않는다. 행동하는 것이 아니라 행동 변화를 정착시키는 것이 목적이기 때문에 반드시 되돌아보는 시간을 갖는다.

일대일 미팅에서 제안한 '작은 실험'을 행동으로 옮겼는지 가볍게 물어보는 것이다. 이때 '했다', '하지 않았다'를 판단 기준으로 삼는 것이 아니라 그것을 했을 때 어떤 감정을 느꼈는지를 알아내려 한다.

상위 5퍼센트 리더를 인터뷰한 결과, 팀원의 약 80퍼센트가 행동을 바꾼 뒤에 "의외로 좋았다"라고 대답했다고 한다.

'의외로 좋았다'는 반응이 바로 의식이 바뀌었다는 신호다.

의식을 바꿈으로써 행동을 변화시키는 것이 아니라 작은 행동을 바꾼 뒤에 '의외로 좋았다'는 감정을 느껴 도전하는 즐거움을 깨닫는 것이다. 이것이 행동 변화를 정착시키는 상위 5퍼센트 리더의 메커니즘이다.

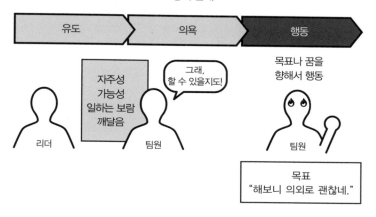

코칭의 단계

유도　　의욕　　행동

리더

자주성
가능성
일하는 보람
깨달음

팀원

그래,
할 수 있을지도!

목표나 꿈을
향해서 행동

팀원

목표
"해보니 의외로 괜찮네."

　상위 5퍼센트 리더는 "이렇게 행동을 바꿈으로써 의식을 바꾸는 방법은 무엇인가를 하기 위해 경영진이나 회사 안팎의 이해관계자들을 끌어들일 때도 유용하다"라고 이야기했다.

성공한 뒤에 'WHY'를 거듭한다

성공 메커니즘을 파헤친다

일반 리더는 프로젝트나 영업 활동에 실패했을 때 그 원인을 주로 'WHO(누구)'에게서 찾는다.

그러나 "자네가 철저히 준비하지 않아서 일이 제대로 진행되지 않은 거야"라는 말을 듣는다면 팀원은 실패를 피하려 하고 그러한 심리로 인해 행동이 경직될 수 있다.

한편 일이 잘 풀렸을 때 리더에게 "다행이군!"이라든가 "열심히 한 보람이 있었어!"라는 말을 들으면 잠깐 동안은 기분이 좋다. 그러나 팀원은 곧 실력이 아니라 운이 좋았을 뿐이라는 뜻임을 깨닫고 낙담하거나, 머리로 생각하기보다 그저 열심히만 하면 된다고 착각하기도 한다.

실패했든 성공했든 이후에 리더가 어떻게 반응하느냐에 따라 팀원이 기뻐할 수도 있고 낙담할 수도 있다. 팀의 리더는 일시적인 실패나 성공에 일희일비하지 말고 성공을 낳는 시스템을 만들어야 한다.

그래서 상위 5퍼센트 리더는 재현 가능한 패턴을 만들려 하고, 이를 위해 실패했을 때는 반성하고 성공했을 때는 그 원인을 찾아내려 한다. 반면 일반 리더는 성공하면 성취감에 만족할 뿐 성공한 이유를 찾으려 하지 않는다.

상위 5퍼센트 리더는 성공해도 무작정 좋아하지 않고 아주 잠시 심각한 표정을 지으며 '왜 성공했는가?'를 곰곰이 생각한다.

프로젝트가 성공을 거둔 뒤에 자기성찰을 하는지를 조사한 결과, 일반 리더는 3퍼센트만이 자기성찰을 한다고 대답했지만 상위 5퍼센트 리더는 41퍼센트가 자기성찰을 한다고 말했다.

실패했을 때는 누구나 반성을 하고 두 번 다시 실패하지 않겠다고 다짐하지만, '성공한 뒤'의 행동에는 차이가 있다.

상위 5퍼센트 리더는 성공한 뒤에 왜 성공했는지, 결정적 비결이 무엇인지 등 'WHY'를 고민하며 성공의 메커니즘을 탐구해 재현 가능성을 높이려 하는 것이다.

절대 바쁘다고 말하지 않는다

아이디어는 틈새 시간에 나온다

상위 5퍼센트 리더 113명을 인터뷰한 결과 충격적이었던 사실은 단 한 명도 "바쁘다"는 말을 하지 않았다는 것이다.

그중에는 문제를 처리하기 위해 휴일 근무를 하고 나서 인터뷰에 응한 사람, 온라인으로 세계 각지의 고객을 상대한 직후 조사에 협력한 사람도 있었다.

시간적으로 여유가 없는 사람도 분명 있었을 텐데, "바쁘다"고 말하기를 주저하는 듯이 느껴졌다. 물론 인터뷰를 하느라 시간을 빼앗는 것에 노골적으로 불쾌감을 드러낸 사람도 있었지만, 그들조차 "지금 바빠서 곤란합니다"라는 말은 절대 하지 않았다.

반면 일반 리더 102명을 대상으로 실시한 인터뷰에서는 불쾌한 표정을 짓는 사람은 그리 많지 않았지만 일손이 부족하다거나 바쁘다는 말을 한 사람이 60퍼센트 정도였다.

상위 5퍼센트 리더 중에서도 팀원들이 부담 없이 말을 걸 수 있다는 평가를 받은 사람들은 '무엇이든 말해도 될 것 같은' 분위기를 풍긴다.

인터뷰를 실시한 크로스리버의 팀원들도 상위 5퍼센트 리더를 인터뷰할 때는 자신도 모르게 말하는 것이 즐거워서 이야기를 듣기보다 자신이 말을 더 많이 하게 되었다고 했다.

우리는 '말을 걸기 편한 상위 5퍼센트 리더'의 행동을 더욱 깊이 조사해보았다. 그 결과 같은 직종의 다른 리더들에 비해 업무량이 약간 많다는 사실을 알게 되었다. 관리하는 팀원도 많고, 대응해야 할 상품 라인업이나 고객의 수도 결코 적지 않았다. 또한 상당히 많은 회의에 참석하고 있었다.

그러나 그들은 캘린더의 일정을 15분 단위로 설정해 군데군데 틈새 시간을 많이 만들어놓았다. 아웃룩이나 구글 캘린더는 1시간 단위가 초기 설정인데, 상위 5퍼센트 리더 중 31퍼센트가 15분 단위로 설정해 사용하고 있었다. 그들의 이야기를 들어보면 미팅이 없는 시간을 의도적으로 만들어내고 있는 듯했다.

인터뷰에서는 "어쩌다 보니 시간이 비었을 뿐", "회의 시간을 줄이고 싶어서" 같은 대답이 많았으며, 이러한 경향은 상위 5퍼센트 사원과 같았다. 그러나 이 행위의 목적이 무엇인지 깊게 파고들자 상위 5퍼센트 사원과의 차이가 명확히 드러났다.

상위 5퍼센트 리더는 자신을 위해 틈새 시간을 만드는 것이 아니라 팀원들이 '부담 없이 말을 걸 수 있는 시간'을 만들고 있었던 것이다.

분명 팀원들 입장에서는 상사가 일정이 가득 차 있을 때보다 시간이 비었을 때 말을 걸기가 쉬울 것이다. 자신이 말을 걸기보다 팀원들이 말을 걸어주기를 바라는 상위 5퍼센트 리더는 시간 여유가 있음을 의도적으로 보여줬다.

상위 5퍼센트 리더의 시간 생산력

또한 회의 방식을 혁신하고 자료 형식을 통일하는 등 시간적인 여유를 만들어내기 위한 노력을 했다. 팀 전체의 '시간적 여유'를 만들어내기 위해 다양한 궁리를 하는 것이다.

팀원 중에는 상위 5퍼센트 리더의 이런 노력을 알아주는 사람이 반드시 있게 마련이다. 자신들을 위해 시간을 어떻게 사용할지 궁리하며 시간과 마음의 여유를 만들고자 애쓰는 리더를 보면 자연스럽게 신뢰와 감사하는 마음이 커진다.

이처럼 상위 5퍼센트 리더는 실제로는 바쁘지만 바쁜 내색을 하지 않고 솔선해서 '틈새 시간'을 마련함으로써 팀원들이 부담 없이 말을 걸 수 있는 시간을 만든다.

팀원들이 "잠시 시간 좀 내주실 수 있을까요? 드릴 말씀이 있습니다"라고 말할 수 있는 분위기에서는 팀워크가 좋을 수밖에 없다. 사업 개발이나 기획 회의, 브레인스토밍, 아이디어 회의 등에서도 결과물을 내기가 쉽다.

나는 최근 4년 동안 19개 기업에서 17건의 사업 개발에 관여했는데, 그중 회의에서 아이디어가 나온 것은 2건에 불과했다. 15건은 회의가 끝나고 휴게실이나 복도에서 팀원이 다른 부문의 관계자 또는 상사에게 말을 걸었을 때 나온 아이디어였다. 온라인 회의가 끝난 뒤에도, 출근했을 때나 텔레워크를 할 때도 편안하게 말할 수 있는 관계와 분위기를 만든다면 팀의 공동 작업이 순조롭게 진행된다.

상위 5퍼센트 리더는 서로 협력하는 문화, 지나치게 상대방의 눈치를 살피지 않고 부담 없이 대화할 수 있는 분위기를 만들어 활발한 팀워크를 끌어낸다.

해결책보다 생각하는 법을 코칭한다

처음으로 돌아가서 생각한다

문제가 발생했을 때 관계자들은 저마다 자신이 옳다고 생각하는 관점으로 바라본다. 그러나 그 관점이 옳지 않다면 문제의 본질을 제대로 보지 못하기 때문에 해결책을 찾을 수 없다.

고객과 관점의 차이(괴리)가 있으면 문제가 해결되기는커녕 관계가 악화되어서 수습이 불가능한 지경에 이르기도 한다.

이 차이를 깨닫기 위한 방법 중 하나는 다음과 같은 질문을 스스로에게 던지는 것이다.

"상대방의 시점(주목하고 있는 점), 시야(보는 범위), 시좌(보는 장소)는 무엇인가?"

상대방을 생각하는 상호 이해를 바탕으로 하면 좀 더 넓은 시각으로 상황을 바라볼 수 있다.

사람은 저마다 자신의 '시점, 시야, 시좌'를 갖고 있음을 인정할 때 비로소 서로를 이해할 수 있다.

일단 눈앞의 과제를 해결하려고 하는 일반 리더는 '어떻게 해결할 것인가' 하는 'HOW(방법)'부터 생각한다. 그러나 형식적인 방법만으로는 표면적인 문제를 일시적으로 해결할 뿐 나중에 똑같은 문제가 다시 발생할 가능성이 크다.

상위 5퍼센트 리더는 문제를 근본적으로 해결하기 위해 문제의 본질을 꿰뚫는 데 관심과 열정을 쏟는다. 다짜고짜 해결책인 'HOW'를 생각하는 것이 아니라 'WHY(왜)'를 탐구해 근본적인 원인을 찾아내는 것이다.

문제의 본질에 도달하려면 원인을 파헤쳐야 한다. '무엇이 문제였는가?', '그 문제는 왜 일어났는가?', '왜 그 문제가 일어나는 것을 막지 못했는가?' 등 '왜?'를 계속 반복하면 근본적인 원인에 도달할 수 있다.

'WHY'를 탐구하는 과정에서 중요한 인자를 찾아내 해결책을 궁리해야 본질적인 해결에 도달할 수 있음을 상위 5퍼센트 리더는 이해하고 있었다.

문제에 대응하거나 과제를 해결하기 위한 방법을 토론하는 회의에서 상위 5퍼센트 리더의 발언을 AI로 분석한 결과 '애초에', '즉', '원래', '나아가'라는 단어를 많이 사용한다는 사실이 밝혀졌다.

상위 5퍼센트 리더는 팀원들에게도 'HOW'가 아니라 'WHY'를 생각하도록 코칭하며, 정기적인 일대일 미팅에서 팀원과 문제의 발생 원인을 함께 생각한다. 서로 자기성찰을 하면서 문제점이 무엇인지 'WHY'를 탐구하는 것이다.

이렇게 해서 사고의 질을 개선하면 행동의 질도 개선된다. 팀원이 주체적으로 생각하면서 움직이는 '자주적인 조직'을 만들려면 'WHY'를 탐구하는 프로세스가 필수라고 할 수 있다.

지시대명사를 사용하지 않는다

말은 '이미지를 공유'하기 위한 수단이다

'전하는 것'은 말하는 사람이 중심이 되는 것이고, '전해지는 것'은 상대방을 중심으로 이야기하는 것이다.

상대방이 자발적으로 움직이게 하는 것을 목표로 삼는 상위 5퍼센트 리더는 '전해지는 것'을 지향하며, 이를 위해 시각적으로 '전해질 수 있는 방법'을 궁리한다.

인간은 중요한 정보는 오래 기억하고 중요하지 않은 정보는 잊어버리게 마련이다. 심리학자 헤르만 에빙하우스의 망각 곡선에 따르면, 인간의 망각 메커니즘은 다음과 같다.

• 20분 후에는 42퍼센트를 잊어버리고 58퍼센트를 기억한다.

- 1시간 후에는 56퍼센트를 잊어버리고 44퍼센트를 기억한다.
- 1일 후에는 74퍼센트를 잊어버리고 26퍼센트를 기억한다.
- 일주일(7일) 후에는 77퍼센트를 잊어버리고 23퍼센트를 기억한다.
- 1개월(30일) 후에는 79퍼센트를 잊어버리고 21퍼센트를 기억한다.

정보를 접하더라도 반복적으로 사용하지 않으면 잊어버리지만, 복습하고 결과물을 내면 기억하는 비율이 높아진다.

시각이나 청각을 통해 얻은 정보는 먼저 뇌의 '해마'에 일시적으로 보존된다. 그러나 보존 기간은 2~4주에 불과하다. 그리고 정보가 해마에 있는 상태에서 3회 이상 사용되면 뇌는 그것을 중요한 정보로 간주하고 편두엽으로 이동해 장기적으로 보관한다.

여기에서 '정보를 사용한다'는 것은 글로 쓰거나, 소리 내어 말하거나, 어떤 근육을 사용해서 발신하는 것이다.

앞에서 이야기했듯이 상위 5퍼센트 리더는 장황하게 이야기하지 않고 요점만을 간결하게 정리해서 말한다.

온라인 회의에서 발언한 내용을 비교해봐도 상위 5퍼센트 리더는 일반 리더보다 발언 빈도가 1.2배 많은 대신 발언 시간은 0.7배였다.

온라인 회의에서는 대면 회의에 비해 발언 횟수가 17퍼센트 정도 감소하는 경향이 있는 가운데, 상위 5퍼센트 리더는 발언하기를 주저하지 않으며 간결하게 정리해서 말하는 경향이 있음을 알 수 있었다.

다만 말을 지나치게 생략하다 보면 상대방에게 전해지지 않을 수 있으니 이를 방지하기 위해 표현과 단어 사용에 주의를 기울였다.

상위 5퍼센트 리더의 기억법

AI를 사용해 회의에서 나온 발언을 문자 데이터로 추출한 다음 텍스트 마이닝 기법으로 분석한 결과, 상위 5퍼센트 리더는 '이것', '저것', '그것' 등 지시대명사를 사용하는 빈도가 매우 낮다는 사실이 판명되었다.

팀원들이 참가하는 정기회의는 기본적으로 서로의 상황을 충분히 이해하고 있으므로 이야기를 공유하기가 훨씬 수월하다. 그러나 많은 팀원들을 통솔하는 리더는 무엇에 관해 이야기하고 있는지 명확히 전달해야 팀원들이 혼란에 빠지는 사태를 막을 수 있다.

지시대명사를 사용하면 발언 시간을 줄일 수 있지만, 상위 5퍼센트 리더는 정보나 메시지가 상대방에게 확실히 전해질 수 있도록 명확하게 표현한다.

'전해지는 것'을 중시하는 상위 5퍼센트 리더와 '전하는 것'을 중시하는 일반 리더의 차이는 정례회의에서 발언하는 내용을 비교해봐도 명확하게 드러난다.

일반 리더는 정례회의에서 말을 많이 한다. 길게 잡담을 늘어놓거나 같은 이야기를 몇 번씩 반복하는 리더들이 많다. 그러나 상위 5퍼센트 리더 중에는 그런 사람이 거의 없었다.

자신의 생각이 전해지는 것을 목표로 삼는 상위 5퍼센트 리더는 상대방이 주역이 되어서 이야기하도록 유도한다. 상대방이 이야기하는 내용을 들으면서 자신의 발언이 상대방에게 전해졌는지 판단하는 것이다.

상위 5퍼센트 리더는 상대방의 반응을 민감하게 감지하기 때문에, 상대방이 이해하지 못했거나 자신의 생각이 제대로 전해지지 않았다면 말하는 방식을 유연하게 바꾼다.

정례회의에서 자신의 생각이 팀원들에게 제대로 전해지지

않았다고 느끼면 팀원들을 탓하지 않고 자신의 설명 방식에 문제가 없는지 생각해보고 개선한다.

이처럼 유연하게 조정해나간 결과 지시대명사를 사용하지 않게 된 것으로 추측된다.

상위 5퍼센트 리더는 지시대명사를 적게 사용하는 대신 어떤 단어를 많이 사용할까? AI로 분석한 결과 형용사나 부사를 일반 리더보다 20퍼센트 정도 많이 사용하고 있음을 알 수 있었다.

특히 사건이나 상황을 설명할 때 형용사와 부사를 많이 사용했다. 녹화 데이터를 확인해보니 그 정경이 머릿속에 생생하게 그려지도록 설명하는 것이었다.

또한 자신의 머릿속에 있는 이미지(영상)를 상대방도 똑같이 떠올리게 하는 것을 목표로 단어와 표현을 선택하는 사람도 있었다.

그들은 말이라는 수단을 사용해서 이미지를 전송해 상대방의 머릿속에 같은 이미지가 떠오를 수 있도록 했는데, 이것이 바로 '전해지는 것'의 의미다.

형용사와 부사를 많이 사용하라

뇌과학이나 커뮤니케이션 기법의 이론에 따르면, 우리가 전하고자 하는 것은 말이 아니라 이미지다. 우리는 이미지를 상대방에게 전하기 위해 말이나 표정 등을 사용한다. 그러면 상대방은 귀로 들은 이야기를 뇌 속에서 이미지화한다.

자신이 전하고자 하는 이미지가 상대방이 머릿속에 그리는 이미지와 일치하지 않는다면 인식의 차이가 발생하게 된다.

상위 5퍼센트 리더가 그런 뇌과학적인 구조까지 이해하고 있는지는 모르겠지만, 무의식적으로 그 구조를 깨닫고 같은 이미지가 전달되도록 단어와 표현을 선택하고 있었다. '이것', '저것', '그것'이라는 지시대명사를 듣는다면 구체적으로 무엇을 가리키는지 생각하는 것만으로도 뇌가 피곤해질 것이며, 이미지가 어긋날 가능성도 높다.

이 메커니즘과 상위 5퍼센트 리더의 발언 경향을 바탕으로 지시대명사를 가급적 사용하지 않는다는 규칙을 일반 사원과 일반 리더들에게도 적용한 결과, 대화 상대의 만족도가 전반적으로 상승하고 전달한 정보를 기억하는 비율이 2배 이상 높아졌다.

상대방에게 생각이 제대로 전달되도록 정확하게 표현하고 상대방이 같은 이미지를 떠올리게 하는 커뮤니케이션 기술은 대화할 때뿐만 아니라 자료를 작성할 때나 업무 메신저를 사용할 때도 유용할 것이다.

수평적으로 소통한다

함께 성장하는 관계를 만든다

리더와 팀원은 상하 관계가 아니다. 서로 협력하며 적절하게 의존하는 관계라고 할 수 있다.

팀원은 리더의 지시대로만 행동하는 것이 아니라 스스로 생각하고 행동하며 이를 통해 배운 것을 업무에 적용한다. 리더도 팀원과 함께 생각하고 행동하며, 현장의 피드백을 받으면서 팀 전체가 나아갈 방향을 잡는다.

상위 5퍼센트 리더는 항상 객관적인 관점을 유지할 수 있도록 팀원을 포함한 제삼자에게 정기적으로 피드백을 받는다. 아첨하거나 지나치게 눈치를 살피지 않고 서로의 성장을 지향하며 서로를 뒷받침하는 관계를 유지하는 것이다.

수평적인 관계에서는 '동정'이라는 단어가 없다. 동정이란 윗사람이 아랫사람에게 품는 감정으로, 상대방의 아픔을 상상하고 안타깝게 여기는 것이다. 안타까움이 바탕에 깔려 있기 때문에 감정 자체를 통제하기가 어려운 상태이기도 하다.

한편 '공감'은 서로를 신뢰하고 존경하는 가운데 생겨나는 감정의 공유다. 공감은 상하 관계나 일방적인 의존 관계가 아니라 어깨를 맞대고 나란히 걷는 동료 관계에서 일어난다.

공감은 평등한 관계에서 상대방에게 관심을 쏟는 것이다. 반면 동정은 자신의 관점에서 우러나는 감정이므로 자기중심적이라고 할 수 있다.

가까운 관계에서는 서로 공감할 수 있지만, 거리가 먼 관계에서는 제삼자의 입장이 되어 방관적으로 동정하게 된다. 그런 까닭에 공감은 깊은 관계를 형성하는 반면 동정은 관계를 더욱 멀어지게 한다.

공감하되 동정은 금물이다

팀원들은 물론 공감을 원하며 동정받는 것을 싫어한다.

상위 5퍼센트 리더는 이 공감과 동정의 차이를 누구보다 잘

공감		동정	
상호 존경·상호 신뢰	관계		의존 관계
상대 / 상대 / 자신 / 관심	관심	관심 / 상대 / 자신	자신
신뢰를 바탕으로 통제 가능하다	감정	안타까운 마음으로는 통제 불능에 빠지기 쉽다	
가깝다	거리		멀다

알고 있다. 그들은 팀원들과 대화할 때 절대 상대방을 동정하지 않으며, 상대방을 아랫사람으로 생각하지도 않는다. 잡담과 상담을 통해 신뢰 관계를 구축해 거리감을 좁히고 서로의 시간을 공유하면서 함께 생각하고 행동하려 한다.

리더가 행동하므로 팀원도 행동할 수밖에 없다. 이것이 상호성의 원리로 상대방이 하니 나도 해야겠다는 동기부여가 된다.

함께 행동하고 함께 반성하면 반드시 배우는 것이 생긴다. 성공했을 때도 배우는 것은 있기 마련이다. "성공했을 때일수록 배우는 것이 많습니다"라고 대답한 상위 5퍼센트 리더는 72퍼센트나 됐다.

상위 5퍼센트 리더에게 PDCA 사이클에서 어떤 부분을 가장 중시하느냐고 물었을 때 가장 많은 대답이 '평가(C)'였다.

상위 5퍼센트 사원과 일반 리더는 '실행(D)'을 중시하는 경향이 있었다. 계획은 적당히 세우고 실행에 집중할 때 성과를 내기가 쉬운 것은 분명하다. 그러나 행동하는 것 자체가 목적이 되어버리면 행동의 양만 늘어날 뿐 질은 향상되지 않는다.

상위 5퍼센트 리더는 행동의 양과 질 양쪽을 개선하는 것을 목표로 삼기 때문에 먼저 행동한 다음 지난 행동을 되돌아보고 개선해가면서 질을 높인다.

칭찬으로 에너지를 끌어올린다

팀원에게 흥미와 관심을 표현한다

팀원과 일대일 미팅을 하는 목적 중 하나는 상대방의 에너지를 높이는 것이다. 그러나 무작정 칭찬한다고 해서 목적을 달성할 수 있는 것은 아니다. 때로는 잘못한 점을 지적하고 팀원의 성장을 촉진하기 위해 엄중한 피드백이 필요하다.

상위 5퍼센트 리더의 일대일 미팅 동영상을 확인한 결과 전체적으로 팀원이 말을 많이 하도록 적절히 유도했다. 그리고 팀원이 피드백을 원하면 좋은 점과 나쁜 점을 모두 명확하게 전달했다.

상위 5퍼센트 리더가 일반 리더와 크게 다른 점은 칭찬하는 포인트와 칭찬 방법이다.

그들은 팀원의 능력이나 센스, 행동을 칭찬함으로써 팀원에게 흥미와 관심을 드러냈다. 그리고 평소에도 팀원에게 자주 말을 걸어서 작은 성과와 성장을 인정해주고 피드백도 해주었다. 또한 자신이 직접 팀원을 칭찬할 뿐만 아니라 팀의 동료들이 서로를 격려하도록 유도했다. 어느 제약 회사의 상위 5퍼센트 리더 3명은 긍정적인 피드백을 일반 리더보다 2.8배 더 많이 했다.

상위 5퍼센트 리더는 제삼자를 통해 상대방을 칭찬하는 간접 승인 수법도 자주 사용했다.

팀원에게 "항상 팀원들을 열심히 도와줘서 고맙네. 덕분에 내 부담이 많이 줄었어"라고 직접적으로 말하는 데 그치지 않고 제삼자를 통해 칭찬하면 팀원의 기쁨은 몇 배로 커진다.

예를 들어 "○○이 자네에게 굉장히 고마워하더군. 항상 팀원들을 열심히 도와줘서 고맙네"라고 전한다. 이렇게 말했을 때 칭찬받는 쪽에서 더욱 기쁜 이유는 2가지다.

우선 생각지도 않았던 제삼자의 이름이 나오는 것은 예상 밖의 일이기 때문이다. '제삼자의 피드백까지 챙기다니, 역시 우리 리더는 대단해', '뒤에서 나를 관심 있게 지켜보고 있었구나'라고 생각하며 자신에게 관심을 가져주는 리더에게 고마움을 느낀다.

팀원과 일대일로 대화를 나눌 때는 그 팀원에 관해 미리 생각해보는 것이 좋다. '이런 일이 있었지'와 같은 작은 기억이라도 있으면 더욱 원활하게 대화를 나눌 수 있다.

상위 5퍼센트 리더는 사전에 팀원의 근무표나 성과를 살펴보고 현재의 상태나 성장세를 확인한다. 일대일 미팅이든 사내 회의든 준비가 80퍼센트를 결정한다고 해도 과언은 아닐 것이다.

또한 상위 5퍼센트 리더는 피드백을 하는 방식도 남다르다. 상대방이 개선하기를 바라는 요구 사항, 즉 부정적인 피드백은 맨 마지막에 한다.

처음에는 상대방의 좋은 점 한두 가지를 피드백해서 상대방이 내 의견을 받아들일 수 있는 마음의 준비를 하게 만든 다음 부정적인 피드백을 하는 것이다.

일반 리더는 처음부터 다짜고짜 단점을 지적하거나 부정적인 피드백을 하는 경우도 있다. 이런 경우 한 귀로 듣고 한 귀로 흘려버리는 팀원이 절반을 넘는 것으로 나타났다.

미국의 사회심리학자 로이 바우마이스터는 "부정적인 것 하나를 지우려면 긍정적인 것 4개가 필요하다"고 말했다.

상위 5퍼센트 리더는 4개까지는 아니더라도 긍정적인 피드백을 더 많이, 그리고 먼저 함으로써 상대방이 부정적인 피드백을 받아들일 수 있는 분위기를 충분히 만든다.

상위 5퍼센트 리더가 활용하는
3가지 심리 효과

1. 밴드왜건 효과
(Bandwagon Effect, 편승 효과)

밴드왜건이란 '행렬의 맨 선두에서 악기를 연주하는 차'를 말한다. 악대 차량이 지나가면 사람들이 몰려들어 무슨 일인가 하고 무작정 뒤따르는 현상에 빗댄 것으로, 유리한 쪽에 붙는다든가, 대중의 판단에 맡긴다든가, 시류에 편승한다는 의미로 사용된다. 사람들은 많은 사람들이 선택한 것에 편안함을 느끼기 때문에 자기도 그것을 선택한다는 심리 효과다.

"통신 회사의 90퍼센트가 저희 회사의 상품을 채용했습니다."

"고객 만족도 1위."

이런 홍보를 통해 편안함과 안정감을 줘서 구매를 유도하는 것이다. '매출 1위'나 '○○상 수상!'이라는 광고도 밴드왜건 효과를 이용한 방법 중 하나다.

많은 사람들이 선택했음을 강조함으로써 더 많은 선택을 받게 되므로 회사 소개 슬라이드 등에 활용하면 효과적이다.

2. 자이언스 효과
(Zajonc Effect, 노출 효과)

미국의 사회심리학자 로버트 자이언스가 정립한 '자이언스 효과'는 반복해서 접촉하면 그 사람이나 물건에 대한 호감이 커지는 심리를 가리킨다.

고객을 계속 찾아가 호감을 느끼게 함으로써 영업에 성공하거나 상품 광고를 수없이 노출해서 소비자가 호감을 느끼게 하는 것이다.

그러나 처음 만났을 때 부정적인 감정을 심어주면 아무리 여러 번 접촉해도 호감도가 오르지 않으니 주의해야 한다. 첫인상은 역시 중요한 것이다.

자이언스 효과는 사람 이외에도 적용된다. 예를 들어 자료의 경우 상대방은 처음 10초 안에 그 자료가 이해하기 쉬운지 아닌지를 판단한다.

그러므로 자료를 제출할 경우에는 중요한 내용만을 압축해 3가지 색깔 이내로 표현하는 것이 상대에게 피로감을 주지 않고 호감을 살 수 있는 방법이다.

3. 하드 투 겟
(Hard to Get, 희소가치 효과)

이것은 상대방을 특별대우함으로써 호감이나 신뢰를 얻는 방법이다. 사람은 특별대우를 받으면 자기도 모르게 기분이 좋아지기 마련이다.

예를 들어 '회원 한정 세일' 이메일을 받으면 기분이 좋아지고, "너한테만 하는 이야기인데"라며 고민 상담을 하면 신뢰를 얻기 쉽다.

무엇인가를 제안하는 자료도 고객의 경쟁사와 비교하거나 '귀사에만', '이번 달까지만' 같은 한정적인 표현으로 연출하면 효과적이다.

상위 5퍼센트 리더는 이런 심리 효과를 무의식적으로 활용해 호감을 쌓아서 상대방을 움직인다.

이런 심리 효과를 머릿속에 넣어두고 행동으로 옮겨보자. 그런 다음 행동을 뒤돌아보고 '의외로 괜찮은데?'라고 느꼈다면 계속해보는 것이다.

행동을 바꿔서 깨달음을 얻으면 의식이 바뀐다. 그리고 의식이 바뀌면 다양한 도전을 할 수 있다. 행동을 바꾸기 위한 작은 행동 실험을 꾸준히 해보자.

PART
07

상위 5퍼센트 리더의
파급력

첫 2분간 잡담의 효과

어떤 말을 해도 괜찮은 분위기

'심리적 안전감'이 있는 팀은 출근을 하든 텔레워크를 하든 팀의 목표를 달성할 가능성이 높다는 것이 2019~2021년의 조사를 통해 판명되었다. 심리적 안전감이란 어떤 발언을 하더라도 나는 안전하다고 느끼는 심리 상태를 말한다.

지나친 눈치 살피기, 넘겨짚기는 생산성을 떨어뜨린다.

826개의 기업에서 작성된 파워포인트 자료를 조사해본 결과 23퍼센트가 상사나 고객의 눈치를 지나치게 살피는 내용이었다. 상사가 지시하지 않았는데 작성한 자료였던 것이다.

추적 조사를 해보니 그런 자료의 약 80퍼센트는 사용되지 않고 있었다. '아마도 필요하겠지', '틀림없이 필요할 거야'라고 지레짐작하고 작성한 자료의 80퍼센트가 사실은 필요 없는 자료였다는 것이다.

크로스리버는 25개 기업의 협력을 얻어 또 다른 조사를 실시했다. 본인을 특정하지 않는 익명의 설문조사에서 팀원의 70퍼센트 이상이 "심리적 안전감이 있다"라고 대답한 팀과 70퍼센트 이상이 "심리적 안전감이 없다"라고 대답한 팀을 비교했다. 그 결과 '심리적 안전감이 없는' 팀은 회의 시간이 평균적으로 20~30퍼센트 더 길었다.

'심리적 안전감이 없는' 팀은 회의를 위한 미팅이 많았다. 정례회의를 앞두고 확인하는, 회의를 위한 사전 미팅 형태였다.

'심리적 안전감이 없는' 팀의 팀원들은 상사에게 질책받지 않으려고 필요하다 싶은 정보를 닥치는 대로 모으고, 많은 사람들에게 확인받은 다음 정례회의에 참석했다.

"과장님, 이런 자료를 만들었는데 생각하시는 것과 일치하나요?"라고 직접 물어보기는 두려우니 일단 여러 가지 형식의 자료나 데이터를 준비하느라 시간을 소비하고 있었던 것이다.

팀원들이 상사의 눈치를 살피면서 팀 미팅에 참석한다면 아무도 솔선해서 의견을 내거나 질문하지 않는다. '말을 하지 않는 편이 안전하다'고 생각하기 때문이다.

'심리적 안전감'이 없으면 상사와의 일대일 미팅에서도 커뮤니케이션이 제대로 이루어지지 않는다. 팀원은 혼이 나지 않으려고, 허점을 드러내지 않으려고 말수를 줄일 뿐이다.

팀원들은 자신의 아이디어를 내놓지 않고 상사의 지시를 기다린다. 팀원이 먼저 말하지 않으니 당연히 상사는 일방적으로 말한다. 팀원들은 상사의 옛 무용담과 질책을 들으면서 시간이 지나가기만을 기다릴 뿐이다. 이런 분위기에서는 팀원이 의욕적으로 일할 수 없다.

잡담으로 팀의 결속력을 강화한다

일반 리더는 팀원과 신뢰 관계를 구축하기 위해 '보고, 연락, 상담'을 중시한다. 빈틈을 보이면 팀원들에게 무시당하지 않을까 하는 우려에서 권위적으로 행동하는 리더도 있다.

그러나 리더와 팀원이 상하 관계를 형성하는 명령형 계급 조직이 되어버리면 팀원 스스로 생각하고 행동하는 '자주적인 조직'을 만들 수 없다.

상위 5퍼센트 리더는 '보고, 연락, 상담'보다 먼저 팀원과 잡담을 나눌 수 있는 관계를 만들려고 노력한다. 긍정적인 행동이 계속 이어지도록 하기 위해 의도적으로 잡담을 나누는 시스템을 만들기도 한다.

정보통신 서비스와 제조업의 상위 5퍼센트 리더는 팀의 정례 회의에서 처음 2~3분 정도는 잡담을 나누는 규칙을 만들었다. 업무와 상관없는 이야기를 꺼내서 말랑말랑한 분위기를 만드는 것이다.

회의를 시작할 때의 잡담은 대면할 때보다 온라인 회의에서 분위기를 더 화기애애하게 만든다. 리더 혼자 말하는 것이 아니라 많은 팀원들이 참여할 수 있는 일상적인 화제를 꺼내는 것이다.

예를 들어 "점심은 도시락을 싸 오나? 아니면 편의점에서 사 먹나? 나는 편의점 주먹밥을 좋아하는데……"와 같이 점심 메뉴와 관련된 화제는 누구나 부담 없이 이야기할 수 있다.

자신의 이야기도 하게 되므로 쌍방향 대화가 이루어진다. 프로야구나 게임 등 취미에 관한 대화에는 참가하지 못하는 팀원도 있지만, 음식이나 날씨 이야기는 누구나 참여할 수 있다.

상위 5퍼센트 리더는 잡담 자체에 집중하기보다 잡담을 통해 팀원들의 공통점을 찾아내려 한다. 공통점이 있으면 단숨에 거리감을 좁힐 수 있기 때문이다.

회의에서 잡담을 시작하는 역할은 팀 내에서 순서대로 돌아가면서 맡고 있었다. 팀원들이 순서대로 대화를 이끌어나가게 하고 자신도 발언함으로써 진행 능력을 향상하고 팀원이 한 명이라도 소외되는 것을 방지하는 2가지 효과를 노리는 것이다.

25개의 기업이 잡담 규칙을 도입했다. 정량적인 규칙을 만들어야 실행하기 수월하기 때문에 '사내 회의를 시작할 때 처음 2분은 잡담을 한다'는 규칙을 정한 것이다.

어느 유통 기업의 경우 잡담 중에 가족 이야기를 하고 싶어 하지 않는 사람이 24퍼센트라는 것으로 나타나자 다른 기업에서도 가족 이야기는 피하도록 했다.

그리고 효과를 비교 검증하기 위해 시작 전에 잡담을 나누지 않는 회의도 무작위로 섞었다. 검증 전에 회의 모습을 녹화했던 기업도 있었기에 규칙 적용 전과 후도 비교했다.

2개월 동안 규칙을 시행한 결과 잡담을 실시한 회의는 잡담을 실시하지 않은 회의에 비해 발언 수가 평균 1.7퍼센트 많았고, 발언자의 수도 1.9배 증가했다.

그럼에도 예정된 시간 안에 회의가 끝날 확률은 45퍼센트나 높았다. 2분 정도 잡담하면서 시간을 보내고도 회의가 늘어지지 않았다는 것은 효율적으로 운영했다는 의미다.

처음에 분위기가 화기애애해지면 발언하는 것에 대한 부담이 줄어들어서 아이디어가 많이 나오므로 의사 결정이 원활하게 이루어진다. 회의 후에 중요한 발언이 나와서 다시 논의하는 상황도 줄어들며, 속마음을 터놓고 이야기할 수 있는 상태가 되면 시간 효율이 높아진다는 것이 증명되었다.

분위기 파악을 못 한 발언으로 어색하게 만드는 경우도 있었지만 단점보다는 회의의 효율과 효과가 높아지는 장점이 더 컸다.

실천하기 쉽도록 '처음 2분'이라는 숫자를 집어넣은 덕분에 많은 기업에 이 규칙이 정착되었다.

"잡담을 나누세요"라고 부탁하기보다 "처음 2분 동안만 잡담을 나누세요"라고 의뢰하는 편이 정신적인 허들이 낮아져서 실행에 옮기기가 수월했다.

그리고 입소문을 통해 회의 전 2분간의 잡담이 효과적이라는 사실이 회사 내부에 퍼지면서 규칙이 아닌 문화로 정착되기에 이르렀다.

현재 많은 기업이 리더와 팀원의 일대일 미팅을 도입하고 있다. 805개 기업을 대상으로 설문조사를 실시한 결과 57퍼센트가 정기적인 일대일 미팅을 규정하고 있었다.

상위 5퍼센트 리더는 일대일 미팅에서 자신보다 팀원이 더 말을 많이 하도록 유도한다. 팀원 스스로 자기의 생각이나 의견을 이야기하게 만드는 것이다. 팀원에게 일대일 미팅은 잠시 멈춰서 자신의 행동을 돌아보며 생각할 수 있는 귀중한 시간이다.

이때 팀원에게 듣고자 하는 것은 기획서가 어땠다든가 개발이 예정대로 진행되고 있다든가 하는 업무 진행 상황이 아니다.

- 기획서가 통과되지 않았을 때 '무슨 생각을 했는가?'
- 개발이 일정보다 늦어졌을 때 '어떻게 해야 한다고 생각했는가?'

위와 같은 이야기는 귀 기울여 듣고 좀 더 깊이 생각하게 된다.

상위 5퍼센트 리더는 "왜지?", "그건 어째서이지?"라는 질문을 최대한 삼간다. 이러한 질문을 하면 팀원에게 해결책을 요구하고 있다는 인상을 주기 때문이다.

상위 5퍼센트 리더는 팀원의 생각을 무작정 부정하지 않고 팀원에게 공감을 나타내면서 일단은 차분하게 받아들인다. 다짜고짜 해결책을 제시하지 않고 귀 기울여 듣는다.

팀원 스스로 깨달음을 얻기 위한 시간이므로 팀원에게 관심을 나타내면서 꼼꼼하게 파고든다. 질문할 때는 '예', '아니오'로 끝나는 닫힌 질문이 아니라 "어떻게 생각하나?", "왜 그렇게 생각하지?" 같은 열린 질문을 통해서 팀원이 더욱 깊이 생각하도록 유도한다.

변화가 극심한 시대에는 기업과 개인 모두 '되돌아보는 시간'을 얼마나 확보할 수 있느냐가 승패를 좌우한다. 되돌아보는 시간을 확보하지 못하면 사고가 정지되어 변화를 깨닫지 못하고 지속적인 성과와 진화가 멈춰버린다.

상위 5퍼센트 리더가 실천하고 있는 자기성찰은 잘못이나 실수에 초점을 맞추는 것이 아니라 전체적인 시점에서 자신의 행동을 객관적으로 바라보는 것이다. 객관적인 위치에 있는 리더가 팀원에게 질문함으로써 깊이 생각하도록 유도한다.

'현재의 상황은 이렇고, 지금까지 나는 이런 행동을 해왔어. 좀 더 나은 상황으로 만들 방법이 있을까?'와 같이 미래 지향적으로 되돌아보는 것이 자기성찰이다. 팀원은 자기성찰을 함으로써 새로운 발견이나 깨달음을 얻어서 행동을 개선할 수 있다. 일대일 미팅을 통해 다음에는 행동을 어떻게 개선할지 확인하고, 다음번 일대일 미팅에서 그 결과를 되돌아본다.

말하자면 깨달음을 바탕으로 가설을 세우고 그것을 검증해 나가는 사이클이 몸에 배어 있는 것이다. 이것이 행동 변화의 시스템이다. 큰 폭의 개선은 정신적인 허들이 높기 때문에 행동하지 않을 가능성이 높다. 처음에는 작은 한 걸음을 내디뎌서 변화를 실감하고, 그 느낌을 바탕으로 개선해나가면 행동 변화 시스템이 자연스럽게 정착된다.

상위 5퍼센트 리더가 실천하는 '올바른 일대일 미팅'을 일반 리더에게도 전파하기 위해 '일대일 미팅의 5가지 규칙'을 다음과 같이 정했다.

1. 팀원이 70퍼센트를 말하게 하면서 이야기에 귀 기울인다.
2. '왜?'라는 질문을 금지한다.
3. 잘못이나 실수를 지적하지 말고 원인을 함께 생각한다.
4. 함께 자기성찰을 하고 자신도 행동을 개선한다.
5. 행동을 개선한 뒤에는 다시 함께 자기성찰을 한다.

특히 다섯 번째의 자기성찰에서 효과가 나타났다. 자신이 한 일 중 어떤 부분이 비효율적이었는지, 좀 더 줄일 부분은 없는지, 즉 '좀 더 원활하게 진행할 수 있었을 업무', '하지 않아도 되었을 업무', '다른 사람에게 맡기는 편이 좋았을 업무'가 보일 것이다.

원활하게 진행할 수 있었을 업무는 상사나 그 업무를 함께 한 동료와 좀 더 자세히 의논했다면 좋았을 것이다. '하지 않아도 되었을 업무'는 거절하는 것이 나았을지도 모른다. 이렇게 자기성찰을 하면 어떤 점을 개선해야 하는지 명확하게 보인다. 자기성찰을 한 날부터 조금씩 개선해나가면 되는 것이다.

제조업 분야의 기업에 '매주 금요일 오후 3시부터 전원이 15분 동안 자기성찰을 한다'는 규칙을 정하고 일단 3개월 동안 시행해달라고 제안했다. 자기성찰을 한 내용을 보고할 의무는 없으며, 그저 캘린더 앱이나 수첩에 자기성찰 일정을 기록하기만 하면 된다. 주 1회의 자기성찰을 통해 하루 10분의 시간 낭비를 발견할 수 있다면 한 달에 3시간을 절약할 수 있다.

주 1회의 자기성찰을 3개월 동안 실시한 결과 야근 시간이 전년 동기 대비 18퍼센트나 감소했다. 줄어든 시간의 일부는 업무 기술을 향상하는 데 활용되었다. 특히 젊은 사원들의 일

하는 보람 지수가 올라갔다고 한다.

리더 스스로 자기성찰을 함으로써 리더십에도 새로운 변화가 나타났다. 팀 전체를 효율적으로 관리하게 되자 자연스럽게 업무 자체도 개선되었다. 그리고 최종적으로 팀원 전원이 각자 자기성찰을 하면 팀 전체의 능력이 향상된다. 보수적인 리더일수록 새로운 발견을 했다고 대답한 비율이 높았다.

너무 바빠서 일주일에 15분의 자기성찰 시간조차 확보할 수 없다고 말한 사람도 있었다. 그러나 바쁠수록 자기성찰을 통해 '무엇을 그만둘지 결정할' 필요가 있다. 아무리 바빠도 매주 금요일 오후 3시에 15분 정도는 확보할 수 있을 것이다. 무엇이든 2개월 동안 계속하다 보면 습관이 된다.

대화하기 편한 리더의 특징

고개를 끄덕일수록 대화가 즐거워진다

여러 번 강조했듯이 상위 5퍼센트 리더는 상대방이 말을 하도록 유도하는 능력이 탁월한 것으로 나타났다. 상대방의 행동을 촉진하기 위해 일방적인 전달이 아니라 쌍방향 대화를 끌어내는 것이다.

상대방이 안심하고 이야기할 수 있도록 잡담이나 표정을 통해 먼저 심리적 안전감을 확보하고, 열린 질문과 닫힌 질문을 조합해서 상대방이 스스로 생각하도록 유도한다. 상대방이 이야기할 마음이 생겼다면 더욱 많이 이야기하도록 유도함으로써 상대방의 기분을 고조시킬 수도 있다.

종합상사에서 근무하는 상위 5퍼센트 리더는 "상대방의 이야기를 들을 때보다 자신이 이야기할 때 에너지가 더 올라간다"고 말했다.

일반 사원 2만 9천 명을 대상으로 '대화하기 편한 리더의 특징'을 물어본 결과, 1위가 '이야기를 귀 기울여 듣는 자세', 2위가 '평소에도 자주 대화를 나누는 태도', 3위가 '이야기를 나누기 편한 분위기' 등이었다.

1위인 '이야기를 귀 기울여 듣는 자세'와 3위인 '이야기를 나누기 편한 분위기'의 비결을 밝히고자 상위 5퍼센트 리더의 온라인 회의와 일대일 미팅을 분석했다.

리더 217명이 상대방의 이야기를 듣는 모습이 담긴 500시간 정도의 동영상을 입수해 상위 5퍼센트 리더의 공통점은 무엇인지, 일반 리더와는 무엇이 다른지를 확인한 결과 다음과 같은 데이터가 추출되었다.

- 상위 5퍼센트 리더가 고개를 끄덕이는 폭은 평균 12센티미터. 다른 리더보다 33퍼센트 깊게 고개를 끄덕였다.
- 상위 5퍼센트 리더는 한 번 고개를 끄덕이는 데 걸리는 시간이 평균 1.1초. 일반 리더보다 1.5배 천천히 고개를 끄덕였다.
- 상위 5퍼센트 리더가 상대방이 이야기하는 도중에 발언한

횟수는 10분에 0.2회. 일반 리더의 3분의 1 이하였다.

이 데이터를 바탕으로 정밀기기 제조사의 관리직을 대상으로 1년에 4회 워크숍을 실시했다. 일대일 미팅을 월 1회로 정하고 일상에서 대화할 때도 '끄덕임의 3가지 규칙'을 지키게 했다.

1. 의식적으로 고개를 크게 끄덕인다. 온라인으로 대화할 때는 화면 밖으로 얼굴이 삐져나올 정도로 크게 끄덕인다.
2. 의도적으로 평소보다 천천히 고개를 끄덕인다.
3. 상대방이 이야기를 끝냈다 싶으면 마음속으로 '음……'이라고 잠시 틈을 둔 다음에 말한다.

또한 팀원이 리더에게 피드백을 하는 제도도 동시에 도입했다. 워크숍에 참가한 리더 중 62퍼센트가 1년 동안 '끄덕임의 3가지 규칙'을 염두에 두고 대화를 거듭했다. 나머지 38퍼센트는 행동을 바꾸고 습관화하는 데 실패했다.

1년 후 일하는 보람에 관한 조사를 실시했는데, 정밀기기 제조사는 일하는 보람 지수가 3포인트 상승했다. 그리고 '끄덕임의 3가지 규칙'을 습관화한 62퍼센트의 리더가 이끄는 조직으로 한정했을 때 보람 지수가 평균 6포인트 상승했다.

직접적으로 얼마나 영향이 있었는지를 측정할 방법은 없지만, 62퍼센트의 조직이 보람 지수가 상승한 것으로 나타났다. 게다가 '끄덕임의 3가지 규칙'을 습관화한 리더의 63퍼센트가 "팀원과 대화하는 것이 즐겁다"고 대답했다.

정확한 상관관계를 도출할 수는 없었지만, 귀 기울여 듣는 자세를 보여주고 상대방이 마음 편하게 이야기할 수 있는 분위기를 만드는 것이 원활한 대화를 이끌어나가는 데 중요한 것은 틀림없다.

온라인 회의 참여율을 높이는 5가지 행동

웹 카메라를 켤수록 참여도가 올라간다

2020년부터 2021년에 걸쳐 178개 기업에 '메시지가 전해지게 하는 온라인 커뮤니케이션 기술'이라는 강좌를 제공했다. 여기에서 가장 많이 받은 질문은 "온라인 회의 참가자가 웹 카메라를 켜게 만들려면 어떻게 해야 할까요?"라는 것이었다.

말하는 사람은 상대방이 이해하고 있는지 확인하기 위해 표정을 보고 싶은 것이 당연하다. 회의 주최자는 참가자가 제대로 회의에 참여하기를 바라는 것이다.

'몰래 다른 일을 하고 있는 것은 아닐까?', '회의에 참가하는 척하면서 유튜브를 보고 있는 것은 아닐까?'라는 생각을 하면 회의에 집중할 수 없다.

또한 상대방의 희로애락을 확인하면서 이야기하면 화법이나 말하는 내용을 유연하게 바꿀 수 있다. 눈썹이나 눈, 입꼬리의 움직임 등을 보고 상대방의 감정을 판단하기 때문에 상대방의 표정이 전혀 보이지 않으면 불안한 것이 당연하다.

한편 참가자는 웹 카메라를 켜지 않는 것이 더 편하다. 헤어 스타일을 다듬거나 화장하는 데 시간을 쓸 필요도 없고, 자신의 방을 사람들에게 보여주고 싶지도 않다. 뇌과학자의 연구에 따르면 자신의 얼굴을 계속 드러내는 것은 뇌에 스트레스를 준다고 한다.

텔레워크로 장소에 얽매이지 않고 팀원들과 공동 작업을 하려면 무엇이든 이야기를 나눌 수 있는 '심리적 안전감'을 확보할 필요가 있다.

과도한 눈치 살피기는 생산성을 떨어뜨리며, 대화 부족은 불필요한 작업이나 정신질환 같은 부정적인 영향을 낳는다. 자신의 뜻대로 일하고 싶은 마음은 이해한다. 자신이 원하는 행동을 하면서 행복감을 느끼는 사람들이 많다.

그러나 자유에는 책임이 따른다. 무엇이든지 자유롭게 하는 것만으로는 성과를 낼 수 없다. 사무실에 출근했을 때 얼굴을 보여주고 싶지 않다고 해서 가면을 쓰고 회의에 참석하는 사람은 없을 것이다.

그렇다고 리더가 팀원들에게 무조건 "회의 중에는 웹 카메라를 켜놓으라!"고 지시하기도 부담스럽다. 상위 5퍼센트 리더도 카메라를 켜는 문제로 고민하고 있었다.

팀원을 파트너로 생각하는 상위 5퍼센트 리더는 '당위론'으로 팀원을 몰아붙이지 않는다. 팀원의 이익을 생각하면서 어떻게 해야 효과적으로 변화를 유도할 수 있을지 궁리한다.

상위 5퍼센트 리더 중에 제조업 3명, 정보통신업 2명, 유통서비스업 2명, 관광업 1명이 참가해 웹 카메라를 켜게 하는 행동 실험을 했다. 그 결과 성과가 있었던 행동에는 공통된 패턴이 있음을 알게 되었다.

그래서 다른 팀, 다른 기업에서 공통된 패턴을 재현해보았다. 39개 기업에서 참가자가 정신적 스트레스 없이 온라인 회의에서 웹 카메라를 켜게 하는 행동을 실험한 결과 5가지 행동에서 효과가 나타났다.

1. 의제의 사전 공유

대면 회의든 온라인 회의든 준비가 80퍼센트를 결정한다. 회의의 의의와 목적을 이해하지 못한 참가자는 말 그대로 참가하는 데 의의를 둘 뿐이다.

조례나 매주 열리는 정례회의에는 회의에 참여할 의욕이 없는 사람이나 몰래 딴짓하는 사람들이 많다. 실제로 온라인 회의에서 무려 41퍼센트가 회의 중에 전혀 관계없는 일을 하고 있었다.

물론 동시에 병행하는 멀티태스킹을 부정하지는 않는다. 그러나 토론에 참가하지 않거나 이미 했던 이야기를 뒤늦게 물어보면 회의 효율이 떨어진다.

참가자가 적극적으로 회의에 참석하게 하려면 의제를 사전에 공유해야 한다. 회의가 열리기 24시간 전까지 의제를 보내고, 회의 공지 사항에 참가자의 역할을 포함한다. 회의의 목적이 정보 공유인지 의사 결정인지 아니면 토론인지를 미리 알면 참가자도 그에 맞춰 준비할 수 있다.

고객사의 회의실 모습을 녹화한 8천 시간 분량의 데이터를 분석한 결과 사전에 의제를 공유한 경우 등을 곧게 펴고 회의실로 들어오는 참가자가 많았다. 회의를 자신의 일로 생각하고 임하는 모습이 엿보였다. 한편 의제를 공유하지 않은 경우 고개를 숙이고 힘없이 회의실에 들어와 의자에 앉자마자 스마트폰을 만지는 참가자가 많았다.

의제가 없는 회의의 목적은 의자에 앉는 것이라고 해도 과언이 아니다. 모이는 것이 목적인 회의는 참가자의 의욕을 떨어트린다. 단순히 리더가 팀원의 안색을 확인하는 것이 목적인 정례회의도 많다.

이것은 온라인 회의도 마찬가지다. 39개 기업을 대상으로 의제를 미리 공유한 회의와 공유하지 않은 회의를 비교해봤다.

실험을 시작한 첫째 주에는 웹 카메라를 켜는 비율이 높지 않았다. 다만 의제를 미리 공유한 회의는 발표자나 질문자가 웹 카메라를 켜고 기다렸다. 반면 의제를 미리 공유하지 않은 회의에서는 그런 현상이 보이지 않았다.

변화가 나타난 것은 둘째 주 후반부터였다. 의제를 미리 공유한 정례회의에서는 서서히 웹 카메라를 켜는 사람이 늘어났다. 누군가가 웹 카메라를 켜고 있는 것을 보고는 서서히 카메라를 켜기 시작한 것이다.

전원이 웹 카메라를 켜는 데는 실패했지만, 의제를 사전에 공유하면 회의의 의의와 목적을 이해한 참가자가 자신의 일로 생각하며 회의에 적극적으로 참가한다는 사실을 알 수 있었다. 참가자의 적극성이 웹 카메라를 켜는 데 적지 않은 영향을 끼친다는 것이다.

재현 실험을 실시한 39개 기업은 지금도 사내 회의의 의제를 24시간 전에 공유하도록 규정하고 있다. 그 결과 회의 시간이 8퍼센트 이상 감소하는 부차적인 효과도 얻었다.

2. 처음 2분 동안 잡담

앞에서도 이야기했듯이 사내 회의에서 처음 2분 동안 잡담을 나누면 효과와 효율이 향상된다. 회의에 참석하는 사람들이 많을 경우에는 더더욱 잡담, 즉 아이스 브레이킹(icebreaking, 어색한 분위기 풀기)이 효과를 발휘한다.

잡담은 단순히 업무와 관계없는 이야기를 하는 것이 아니라 참가자들의 공통점을 모색하는 커뮤니케이션 기술이다. 공통점이 한 가지라도 발견되면 순식간에 관계가 깊어지기도 하고, 참가자 전원이 대화에 참가할 수 있으면 일체감도 생겨난다.

처음 2분 동안 잡담을 나눈다는 규칙을 시행한 결과 효과를 느낀 상위 5퍼센트 리더는 사내 회의뿐만 아니라 고객과 대화할 때도 이 규칙을 적용했다.

어느 제조 기업의 상위 5퍼센트 리더는 팀원들이 웹 카메라를 켜게 하기 위해 "처음 2분 동안 잡담을 할 때만이라도 웹 카메라를 켜고 즐겁게 대화를 나누면 어떨까요?"라고 가볍게 제안했다.

잡담은 곧 즐거운 대화를 나누는 시간이라는 것을 이해시키고 "회의 중에 계속 웹 카메라를 켭시다"가 아니라 "처음 2분 동안만 웹 카메라를 켭시다"라고 제안함으로써 상대방의 정신과 행동의 허들을 교묘하게 낮춘 것이다.

팀원들도 1시간 내내 자신의 얼굴을 드러내는 데는 저항감을 느끼더라도 처음 2분 동안 웃으면서 대화를 나누는 잡담 시간에는 웹 카메라를 켜도 괜찮겠다고 여긴다.

실제로 '처음 2분 동안 잡담을 나눌 때만 카메라를 켜자'는 제안에 참가자의 80퍼센트가 응했다고 한다. 39개 기업에서 이것을 시도한 결과 참가자의 68퍼센트가 웹 카메라를 켰다. 그들 중 33퍼센트는 잡담을 마친 뒤에도 웹 카메라를 계속 켜놓아 효과가 높다는 것이 입증되었다.

상대방이 얻을 수 있는 이익을 전함으로써 행동과 정신의 허들을 낮춘다는 법칙은 회의 중에 웹 카메라를 켜게 하는 데도 위력을 발휘했다.

3. 상호성의 원리

상위 5퍼센트 리더는 자신이 먼저 속마음을 터놓고 이야기하며 자신의 약점을 드러냄으로써 팀원들이 자유롭게 말할 수 있는 분위기를 만든다.

다짜고짜 "주말에 뭐 했나?"라고 물어보는 것이 아니라 "나는 주말에 온라인으로 축구 중계를 봤는데, 자네는 주말에 뭘 했나?"라고 자신의 상황을 먼저 이야기한 다음에 상대의 상황을 물어본다.

고객사의 리더들을 대상으로 설문조사를 실시한 결과, "요즘 어떤가?", "주말에 뭘 했나?" 같은 갑작스러운 질문에 팀원이 제대로 대답하는 비율은 18퍼센트에 불과했다.

한편 상위 5퍼센트 리더는 앞에서 예를 들었듯이 먼저 자신이 무엇을 했는지 이야기한 다음 상대에게 무엇을 했는지 물어보았다. 이 경우 팀원의 78퍼센트가 제대로 대답했다고 한다. 이것은 '자기 개시'와 '상호성의 원리'가 작용한 결과라고 할 수 있다.

유통 서비스업에 종사하는 상위 5퍼센트 리더는 상호성의 원리를 믿고 먼저 자신이 웹 카메라를 켠 다음 팀원들이 웹 카메라를 켜주기를 기다렸다.

처음에는 혼자만 붕 뜬 느낌이었지만 점차 호응해주는 팀원이 늘어났고, 웹 카메라를 켜는 팀원의 비율이 40퍼센트를 넘어선 순간 전원이 웹 카메라를 켜게 되었다고 한다.

전원이 웹 카메라를 켜고 감정을 공유하면서 아이디어를 낼 수 있게 되자 '주도적으로 말하는 사람과 질문하는 사람은 웹 카메라를 켠다'는 것을 규칙으로 정해서 카메라를 켜는 것에 대한 정신적인 허들을 서서히 낮춰나갔다.

39개 기업에서 이러한 '자기 개시'와 '상호성의 원리'를 재현하는 실험을 진행했다.

처음에는 생각만큼 변화가 나타나지 않았지만, 여성 리더나 15년 이상의 경력을 가진 리더가 솔선해서 웹 카메라를 켰을 때는 이에 호응하는 팀원이 늘어났다. '저 사람이 웹 카메라를 켰다면 나도 켜야겠다'고 생각한 듯하다.

무엇인가를 상대방에게 전하려면 자신에게 그것을 전할 자격이 있어야 한다. 자신은 하지 않으면서 상대방에게 하라고 말한다면 설득력이 떨어질 수밖에 없다.

리더 자신이 솔선해서 웹 카메라를 켠다면 팀원들에게 웹 카메라를 켜자고 제안할 자격이 있는 것이다. 전할 자격과 상대방의 이익이 적절히 합쳐질 때 상대방의 행동을 이끌어낼 수 있다.

'리더가 속마음을 터놓고 말해줬으니 나도 속마음을 터놓고 말하자'라는 '상호성의 원리'는 상위 5퍼센트 리더가 아닌 일반 리더가 실천했을 때도 효과가 있었다.

4. 대화가 막히면 닫힌 질문

상위 5퍼센트 리더는 상대방이 말을 하도록 유도하는 능력이 뛰어나다. 자신이 말하기보다 이야기를 듣는 것에 중점을 두고 상대방이 말하도록 유도하면서 기분을 고조시킨다.

그러나 모든 팀원이 말을 잘하는 것은 아니다. 개중에는 과묵하고 말주변이 없는 팀원도 있다. 상위 5퍼센트 리더는 그런 팀원도 마음을 터놓고 이야기하도록 만들기 위해 질문 기법을 사용한다.

요식업에 종사하는 상위 5퍼센트 리더는 열린 질문과 닫힌 질문을 상황에 맞춰 효과적으로 활용한다. 말수가 적은 상대에게는 '예' 또는 '아니오'로 대답할 수 있는 닫힌 질문을 해서 서서히 말을 하도록 유도한다. 상대방이 말을 하기 시작하면 자유롭게 대답할 수 있는 열린 질문으로 전환해 더욱 깊은 대화를 나눈다.

이렇게 해서 상대가 말을 하도록 유도하자 웹 카메라를 켜는 팀원이 늘어났다고 한다.

말수가 적은 상대에게는 닫힌 질문으로 서서히 입과 마음을 열게 하고, 상대방의 흥미와 관심사가 화제에 오르면 열린 질문으로 더욱 많은 이야기를 하도록 유도한다.

39개 기업에서 이 방법을 재현하는 실험을 했는데, 한 가지 난점이 있었다. 어떨 때 열린 질문을 하고 어떨 때 닫힌 질문을 해야 하는지 구체적으로 지시하기가 어렵다는 것이다.

그래서 모든 리더에게 일대일 미팅에서 대화가 막히면 닫힌 질문을 하고 대화가 활기를 띠면 열린 질문을 해서 상대방이 70퍼센트를 이야기하게 하라는 지침을 만들었다. 정량적인 효과는 측정할 수 없었지만, 이 지침을 따른 리더의 53퍼센트는 "원활하게 대화를 나눌 수 있었다"고 대답했다.

다만 "닫힌 질문과 열린 질문을 상황에 맞게 사용하기가 어려웠다"는 대답도 34퍼센트였다. 그래서 지침을 바꿔, "대화가 막혔을 때는 닫힌 질문을 한다"라고 더욱 단순화했다.

그 결과 "닫힌 질문과 열린 질문을 상황에 맞게 사용하기가 어려웠다"는 대답은 9퍼센트까지 감소했고, "대화가 원활해졌다"고 대답한 사람은 51퍼센트로 나름의 효과를 확인할 수 있었다.

이 지침을 2개월 동안 지킨 결과, 온라인 일대일 미팅에서 웹 카메라를 켜지 않았던 팀원이 웹 카메라를 켜게 되었다는 사례가 늘어났다. 대화가 원활하게 진행되면 자연스럽게 상대방이 웹 카메라를 켠다는 사실이 입증된 것이다.

5. 박수를 쳐준다

약 16만 명을 대상으로 조사한 결과 '인정', '달성', '자유'를 느꼈을 때 일하는 보람을 실감한다는 사실이 밝혀졌다.

'인정'은 고맙다는 말을 듣거나, 승진하거나, 보너스를 받았을 때 느낀다.

'달성'은 불만 사항에 적절히 대응했거나, 판매 목표를 초과했거나, 야근하지 않고 일을 끝마쳤을 때 느낀다.

'자유'는 하고 싶은 업무를 자신이 원하는 대로 할 수 있을 때 느낀다.

3가지 중에서 특히 인정받았을 때 일하는 보람을 느끼는 사람이 가장 많았다.

상위 5퍼센트 리더는 이 사실을 자연스럽게 이해하고 있기 때문에 팀원에게 '고맙다'고 말하는 횟수가 일반 리더보다 8배나 많았다.

상위 5퍼센트 사원도 '고맙다'는 말을 많이 사용했지만, 상위

5퍼센트 리더는 무엇에 대해 고마운지를 명확히 밝혔다. "지난번 일은 고마웠어"가 아니라 "수요일에 만들어준 회의 자료가 정말 큰 도움이 됐어. 고마워"라고 구체적인 이유를 말하는 것이다. 이렇게 하면 상대는 기분이 좋을 수밖에 없다.

제조업에 종사하는 상위 5퍼센트 리더는 인정받고 싶은 욕구를 자극하는 방법을 의식적으로 활용하고 있었다. 그 여성 리더는 어떻게 해야 회의 중에 참가자의 기분을 북돋우고 일하는 보람을 높일지를 궁리했다.

'회의야말로 팀의 에너지원이며, 일체감을 양성할 수 있는 자리'라고 생각한 그녀는 팀원들의 인정받고 싶은 욕구를 자극하기 해서 웹 카메라를 켜게 했다. 예를 들어 팀원이 발언했을 때 카메라를 향해 '짝짝짝짝' 박수를 쳤고, 팀원이 질문했을 때는 '좋아요' 이모티콘을 채팅창에 띄웠다. '짝짝짝짝' 박수를 치는 방법은 2018년부터 많은 기업에 전파하고 있다.

이처럼 감정을 공유하는 분위기를 만드는 것이 무엇보다 중요하다. 이런 노력의 결과, 그녀의 팀은 전원이 웹 카메라를 켜고 회의에 참가한다.

이 방법 역시 39개 기업에서 재현 실험을 실시했다. 온라인 회의에서 의도적으로 '좋아요' 이모티콘과 '짝짝짝짝'으로 상대방을 인정해주도록 지도했다. 그 결과 서로를 인정해주는 행위는 예상을 뛰어넘는 속도로 확산되었지만 웹 카메라를 켜는 것으로 직결되지는 않았다.

그러나 회의에서 무미건조하게 정보를 공유하는 데 그치지 않고 뜨겁게 감정을 공유하자 회의의 분위기가 크게 바뀌었다.

사이좋은 그룹을 만드는 것이 목적은 아니므로 단순히 즐겁기만 해서는 안 된다. 그러나 브레인스토밍에서는 분위기가 긍정적일수록 아이디어가 많이 쏟아진다.

분위기가 좋아지면 웹 카메라를 켜는 사람도 많을 것으로 생각되지만, 안타깝게도 그것을 과학적으로 증명하지는 못했다.

다만 처음 2분 동안 잡담을 나누는 규칙과 인정해주는 분위기를 만들어 감정을 공유하자 잡담이 끝나고 나서도 웹 카메라를 계속 켜놓는 사람이 늘어났다.

분위기가 좋아진 것을 정량적으로 표현하기는 어렵지만, 리더가 팀원을 또는 팀원과 팀원이 서로를 인정하는 분위기를 만들면 웹 카메라를 켜는 것에 대한 정신적인 허들이 낮아진다.

상위 5퍼센트 리더의 설득력

설득력을 높이는 글쓰기

기술의 발전과 텔레워크의 보급으로 개인이 혼자 일하기는 훨씬 쉬워졌다. 하지만 어디에 있는지 알 수 없는 사람들과 공동 작업을 진행하기는 어려워졌다. 그래서 상위 5퍼센트 리더는 어떻게 하면 사람들을 끌어들일 수 있을까를 궁리한다.

팀 내의 연계에 머무르지 않고 다른 부분이나 회사 외부의 관계자를 끌어들여 서로 공감하는 가운데 함께 성과를 만들어나가려면(공동 창조) 남다른 커뮤니케이션 방법이 필요하다. 상위 5퍼센트 리더는 팀원의 강점과 약점을 결합해서 복잡한 과제를 빠르게 해결해나간다.

상위 5퍼센트 사원에 비해 상위 5퍼센트 리더는 사람들을 매우 효과적으로 끌어들이는데, 그들의 대화를 분석한 결과 주어를 '나'가 아닌 '우리'로 바꾸면 사람들을 끌어들이는 힘이 더욱 강하게 발휘된다는 사실이 밝혀졌다.

상위 5퍼센트 리더는 일반 리더에 비해 이상적인 이미지나 당위론을 무작정 지시하는 경우가 없다. 끌어들여야 할 상대방과 좋은 관계를 형성하고 상대의 기분을 좋게 만들면서 자신이 원하는 행동을 하도록 유도한다.

상위 5퍼센트 리더의 끌어들이는 힘은 회사 내부 사람들에게 보내는 이메일이나 메신저의 내용만 봐도 그 차이가 명확하게 드러난다. 회사가 반드시 준수해야 하는 규정이나 업무상 협력을 얻어낼 때, 상위 5퍼센트 리더는 특징적인 문장을 사용하고 있었다.

나는 805개 기업을 지원하는 과정에서 수많은 사내 의뢰 메일을 봐왔다. 회사의 비전이나 사장의 말을 인용해서 의식의 변혁을 촉구하는 사내 메시지라든가, 회사 내부의 플랫폼을 이메일에서 메신저로 변경한다는 통지문 등이었다.

계층형 조직이 붕괴되고 현장의 팀원이 스스로 생각하고 행동하는 자주적인 조직을 구축해야 하는 시대에는 어떤 것을 강제하는 방식으로 협력을 이끌어내기 힘들다.

해야 하는 일을 하도록 만들어야 하는 경우도 있지만, 상대방을 설득해서 바라는 행동을 유도해야 하는 상황도 많다.

설득력 있는 메시지의 3단 구조

일반 사원과 일반 리더가 보내는 이메일이나 메시지를 보면 먼저 '해야 한다', '하는 것이 당연하다'라는 전제로 쓰는 경우가 많은데, 이러한 표현은 상대의 공감을 얻기 어렵다.

"업무 효율화를 위해 경리 시스템을 교체합니다. 아울러 앞으로 경비를 정산할 때는 승인자의 이름도 전부 추가 기입한 다음 신청해주십시오. 승인자의 이름이 적혀 있지 않을 경우는 경비 지급이 늦어질 수 있으니 주의하시기 바랍니다."

이것은 어느 정밀기기 제조사에서 실제로 사원들에게 보낸 공지인데, 이 지시를 따른 사람은 21퍼센트에 불과했다.

이러한 공지를 쓴 직원의 리더에게 내용을 바꿔보라고 조언했다. 먼저 상대방이 얻을 수 있는 이익을 포함하고, 구체적인 행동을 설명하며, 마지막으로 그 행동을 가로막는 장벽을 낮추는 구조로 작성하는 것이다.

공지 사항은 다음과 같이 변경되었다.

"경비의 지급 과정을 자동화하기 위해, 앞으로는 경비를 정산할 때 승인자의 이름을 입력해주시기 바랍니다. 승인자의 이름은 이 링크를 클릭하면 즉시 확인할 수 있습니다."

그 결과 지시대로 행동한 사람이 78퍼센트로 증가했다. 먼저 상대방이 얻을 수 있는 이익을 언급해서 상대방이 자신의 일로 여기게 만들고, 구체적인 행동을 지시하며, 마지막으로 행동을 가로막는 장벽을 낮추는 패턴이 행동으로 이끈 것이다.

경리 부문의 리더는 해당 기업의 인사 평가에서 상위 5퍼센트에 들어가는 사람이었다.

이렇게 사람들을 끌어들이는 힘을 가진 메시지는 누구나 따라 할 수 있다.

'처음에 상대방이 얻을 수 있는 이익을 쓰고, 구체적인 행동을 설명하며, 마지막으로 행동의 허들을 낮춘다.'

이 3단 구조를 다른 기업에도 적용한 결과, 지시에 따르는 사람이 확실히 증가했다.

이 구조는 고객에게 제안할 때도 활용 가능하다. 자신의 직함을 장황하게 설명하면서 시작하는 자기소개는 상대에게 아무런 인상도 남기지 못한다. 그러나 앞부분에서 고객에게 줄 수 있는 이익을 명확히 밝히면 상대방은 확실히 관심을 갖고 듣는다. 그런 다음 공감하게 하고 행동을 가로막는 허들을 낮추면 제안을 받아들일 확률이 높아진다. 이것은 1,560명의 영업 담당이 실시한 행동 실험을 통해 입증된 사실이다.

각 기업의 상위 5퍼센트 리더도 장황하게 직함을 설명하면서 자기소개를 하지 않고 먼저 상대방이 어떤 이익을 얻을 수 있는지를 먼저 설명했다.

상위 5퍼센트 리더의 행동을 다른 기업에서 재현한 결과 긍정적인 변화를 가져다준다는 사실이 판명되었다.

상위 5퍼센트 리더의 대화 규칙

'5가지 금지어'로 대화력을 높인다

다양한 행동 실험을 실시한 결과 실패 확률을 낮추는 것이 성공 가능성을 높인다는 것을 알게 되었다. 기업이나 팀에 따라 환경과 조건이 다르기 때문에 성공 패턴을 그대로 흉내 내더라도 같은 성과를 내기는 어렵다. 그러나 실패 패턴을 이해하면 실패할 가능성을 줄일 수 있다.

상위 5퍼센트 리더도 다른 회사의 성공 사례를 무작정 따라 하지 않고 실패 원인을 규명해서 그 전철을 밟지 않으려고 노력한다.

예를 들어 상대방이 오해할 만한 커뮤니케이션은 피할 수 있다. 자신이 의도한 것과 다른 방향으로 인식되거나 사소한 한마디로 상대방을 불쾌하게 만드는 일은 피하고 싶기 마련이다. 이를 바탕으로 상위 5퍼센트 리더는 부정적인 말로 시작하지 않는다든가 일대일 미팅에서 "잘 부탁합니다"라고 시작하지 않는 등 자기만의 규칙을 정한다.

이런 규칙들을 조직에 적용하기 위해 39개 기업에서 행동 실험을 했다. 상위 5퍼센트 리더가 사용하지 않는 5가지 금지어 규칙을 1개월 동안 철저히 지키게 한 것이다.

5가지 금지어는 구체적으로 다음과 같다.

1. "요즘 어떤가?"라며 가볍게 물어보기
2. "요즘 바쁜가?"라며 남의 일처럼 물어보기
3. "게으름을 피우고 있는 건 아니겠지?"라며 의심하기
4. '하지만, 그래도, 아무리 그래도, 도무지' 등 부정적인 말로 시작하기
5. 텔레워크 중에 '이것, 저것, 그것'이라는 지시대명사 사용하기

금지어를 사용하지 않은 결과를 정량적으로 측정할 수는 없다. 다만 2주가 지나자 일대일 미팅을 실시하는 비율이 20퍼센

트 정도 올라갔다. 내가 다녔던 마이크로소프트도 2주에 한 번 팀원들과 일대일 미팅을 해야 한다는 규칙이 있었는데, 서먹하다거나 쑥스럽다는 이유로 제대로 실행되지 않았다. 1개월에 1회나 2주에 1회 정도 실시하는 비율도 60~70퍼센트 정도였다.

일하는 보람 지수를 높이는 법

재현 실험에 참가한 39개 기업 중 19개 기업이 월 1회 이상 일대일 미팅을 실시하도록 규칙을 정했지만 제대로 실행하는 비율은 평균 70퍼센트 정도였다. 그런데 '5가지 금지어'를 사용하지 않자 일대일 미팅을 실시하는 비율이 80퍼센트 전후로 높아졌다.

다른 원인으로 상승했을 가능성도 있지만, "(금지어를 사용하지 않자) 팀원들과 대화하기가 편해졌다"고 대답한 리더가 61퍼센트였던 것으로 보아 커뮤니케이션을 원활히 하는 데 긍정적으로 작용한 것이 틀림없다.

커뮤니케이션 빈도가 증가하면 마음을 터놓고 이야기할 수 있게 되어 관계가 깊어지게 마련이다.

크로스리버는 매년 업무를 위탁받은 기업의 일하는 보람 지수를 조사하고 있다. 과거 4년 동안 347개가 넘는 기업에서 조사를 실시했는데, 일대일 미팅 등으로 커뮤니케이션 빈도가 증가한 팀의 팀원은 일하는 보람 지수가 상승했다.

이번 재현 조사에서 알게 된 사실은, 팀원의 의욕을 떨어뜨리는 금지 행동을 알면 대화하기가 편해지고 커뮤니케이션 빈도가 상승한다는 것이다.

직접적인 인과관계는 알 수 없지만, 결과를 보면 커뮤니케이션의 빈도가 높은 팀은 일하는 보람 지수도 높았다. 어떤 행동을 하느냐보다 어떤 행동을 하지 않느냐가 보람 지수에 더 큰 영향을 미치는 것이다.

또한 일하는 보람을 느끼는 사원은 업무 효율이 다른 사원에 비해 45퍼센트 높다는 사실이 밝혀졌다. 일하는 보람을 느끼고 있는 영업 담당은 그렇지 않은 사람보다 목표를 달성할 확률이 1.9배 높았다. 일하는 보람은 생산성 향상에 영향을 미친다는 것이다.

이와 같은 맥락에서 금지어를 사용하지 않으면 업무 효율을 높일 수 있다. 최소한 커뮤니케이션 빈도를 높인 것이 부정적인 영향을 끼쳤다는 조사 결과는 없었다.

부하 직원 2만 9천 명에게 물어본 '가장 듣기 싫은 질문 톱 3'

1위	**"요즘 어떤가?"** 부하 직원들의 생각 '건성으로 물어보는 느낌', '내게 관심이 없다는 느낌'
2위	**"요즘 바쁜가?"** 부하 직원들의 생각 '근무일지만 봐도 알 수 있는데 왜 물어보는지 모르겠다.' '바쁘다고는 말하기 힘들다.'
3위	**"게으름을 피우고 있는 건 아니겠지?"** 부하 직원들의 생각 '다짜고짜 부정적으로 말하지 않으면 좋겠다.' '그렇게 몰아붙이지 않으면 좋겠다.'

크로스리버 조사(2017년 5월~2020년 12월)

상위 5퍼센트 리더가 대화를 늘리려고 시도하는 이유는 생산성 향상으로 이어지기 때문이다. 대화를 늘리기 위해 상위 5퍼센트 리더가 실천하는 '5가지 금지어'를 사용하지 않으면 일반 리더도 팀원들과 원활하게 커뮤니케이션할 수 있다.

팀 안에서 팀을 조직한다

2인 1조로 움직여라

매년 높아지는 팀 목표를 지속적으로 달성하려면 개인의 힘에 의지할 수만은 없다. 특출한 역량을 가진 팀원이 있으면 큰 도움이 되는 것은 분명하다. 그러나 그 팀원이 다른 부서로 이동하거나 경쟁 회사로 이직하면 큰 구멍이 뚫리게 된다. 에이스급 팀원에게 의지하고 있었다면 그 손실은 막대하며 그 구멍을 메우는 데 많은 시간이 걸린다.

상위 5퍼센트 리더는 어느 하나에 의존하지 않으려고 한다. 무언가에 크게 의존할수록 그만큼 리스크가 커지기 때문이다. 그들은 팀 전체의 효율과 성과를 최적화하기 위해 두터운 인재 풀을 만들어서 차기 에이스를 육성하고, 젊은 팀원들을 철저히 교육해 능력을 향상시킨다.

뛰어난 역량을 가진 팀원은 스스로 성과를 내므로, 같은 팀 내의 다른 팀원과 한 조를 이뤄서 그들의 힘을 이용해 효과를 2~3배 높인다.

에이스급 팀원이 가진 기술과 지식을 수평적으로 전개할 수도 있다. 1인이 아니라 2인 체제가 되면 갑작스러운 휴가나 예상치 못한 문제에 신속하게 대응할 수 있다. 다시 말해 팀으로 해결할 수 있는 것이다.

상위 5퍼센트 리더는 팀 내에서도 조를 구성해서 일을 진행한다. 서로의 업무 내용이나 진행 상황 등을 이해하고 빠르게 지원할 수 있는 시스템을 구축하면 미숙한 팀원이 선배의 지식이나 기술을 배울 수도 있다.

한 조를 이뤄 서로 보완할 수 있는 관계를 만들면 한 명이 휴가로 업무를 쉬더라도 다른 한 명이 커버할 수 있다. 특히 에이스급 팀원의 휴가 사용이 큰 폭으로 개선되었다. 이전에는 에이스급 팀원에 대한 의존도가 높아 부담이 가중되어 결국에는 정신 질환 등으로 장기 휴가에 들어가는 일도 있었다. 또한 적절한 휴식을 취하지 않으면 정신적인 중압감에서 벗어나지 못해 짜증을 내거나 다른 팀원에게 스트레스를 풀기도 한다.

업무와 사생활의 균형이 잡히면 차분히 일에 몰두할 수 있으며, 작은 스트레스를 견디지 못하고 경쟁사로 이직하는 근시안적인 생각을 하는 사람도 줄어든다.

실제로 유급 휴가를 사용하는 비율과 이직률은 반비례 관계였다. 제대로 휴가를 누릴 수 있는 여건을 만들어주면 에이스급 팀원의 이직을 막을 수 있다.

한 조를 이뤄서 업무를 진행하는 시스템을 만들면 팀의 입장에서는 개인에게 의존하는 리스크가 감소한다. 에이스급 직원의 입장에서는 적절한 휴가를 통해 일에 대한 활력을 유지할 수 있다. 일과 사생활의 균형을 이룬다면 번아웃 같은 정신적 피로나 갑작스러운 퇴직으로 인한 인재 유출을 줄일 수 있는 것이다.

상위 5퍼센트 리더의 '규칙 있음'

상위 5퍼센트 리더는 구체적인 행동 규칙이 아니라 지속적으로 성과를 내고 팀원들이 일하는 보람을 느끼는 팀을 만들기 위한 방침을 정한다.

중견 서비스업 기업에 몸담고 있는 상위 5퍼센트 리더는 '고객 중심의 제안을 하기 위해 각자 창의적인 아이디어를 생각한다'는 방침을 만들었다. 그러자 팀원들이 고객의 상황을 이해하기 위해 결산 정보나 중기 계획을 조사하고 경쟁사의 상황을 조사하는 등 자발적으로 움직였다. 결과적으로 그 팀은 사장 표창을 받았으며, 그 방침은 다른 부서로 확산되었다.

규칙이 없으면 움직이지 않는 조직은 바람직하지 않다. 방침을 정하고 팀원들이 자연스럽게 행동하도록 만들어야 한다. 방침이란 행동의 기초가 되는 것이다. 이것이 명확하지 않으면 아무리 훌륭한 규칙을 만들어도 팀원들의 행동을 끌어내지 못한다.

어느 유통 기업의 마케팅 부문 상위 5퍼센트 리더는 시장조사에 관한 방침을 만들었다. 고객에 대한 25개의 체크리스트에 따라 기획서를 작성하면 내부 결재를 받기 쉽다는 것이었다.

이 방침은 단기적으로는 성과가 나지 않았지만, 결과를 바탕으로 개선해나가자 마케팅 부문 전체의 결재율이 점점 상승했다. 신입 사원도 이 규칙에 따라 어느 정도 성과를 낼 수 있었다.

팀의 방침은 조직의 근간이며, 자립적인 팀원과 조직을 만드는 바탕이 된다. 팀원이 이 방침을 이해하고 행동함으로써 같은 방향을 향해 스스로 생각하고 자발적으로 움직이는 조직이

된다.

39개 기업 중에서 이런 팀의 방침을 가지고 있는 조직은 59개였다. 그 팀들은 방침을 정하지 않은 부서들보다 목표 달성률이 1.2배 정도 높았으며, 일하는 보람 지수도 18포인트(100점 만점) 높았다. 이것만 봐도 방침의 중요성을 이해할 수 있을 것이다.

'개인에게 의존하지 않고 팀 전체의 능력을 높인다'는 팀의 방침이 한 조를 이뤄 진행하는 업무 시스템을 만들었고, 결과적으로 팀의 목표 달성률과 팀원의 일하는 보람이 향상되었다.

상위 5퍼센트 리더의
놀라운 회의

기업 내에서 지위가 가장 높은 사람이 "뭔가 좋은 아이디어 없나?"라고 말하자 회의실이 쥐 죽은 듯 고요해진다. 그러다 누군가 용기를 내서 아이디어를 말하지만 즉시 부정당하고 만다.

"인스타그램에 퍼트려서 고객을 모으면 어떨까요?"라고 젊은 팀원이 아이디어를 내자, 리더는 "그런 건 경쟁사들도 다 하니까 의미가 없어"라고 지적한다. 다른 팀원이 용기를 내서 "그렇다면 기존의 고객에게 메일을 보내서 초대하는 것은 어떨까요?"라고 아이디어를 냈지만, 리더는 곧바로 "그건 이전에도 해봤지 않나?"라고 반문한다. 그 후 점점 발언이 줄어들고, 그나마 나온 아이디어도 채택되지 않아 결국 다음 회의에서 다시 의논하기로 한다.

여러분은 이런 회의를 경험한 적이 있는가? 이런 방식으로 회의를 진행하면 누구도 창의적인 아이디어를 내놓지 않는다.

크로스리버는 고객사의 회의를 8천 시간 이상 기록하고 분석한 결과 성과가 나지 않는 팀의 리더는 이런 식으로 회의를 진행하는 경우가 많다는 사실을 알게 되었다.

그렇다면 어떻게 해야 할까? 이것은 회의의 종류와 진행 방법으로 얼마든지 해결할 수 있다. 회의 종류는 '정보 공유', '아이디어 내기', '의사 결정' 3가지 목적으로 집약할 수 있다.

앞에서 예를 든 것처럼 직원들이 내놓는 아이디어를 계속 부정하는 방식으로는 성과를 낼 수 없다. '아이디어' 회의와 '의사 결정' 회의가 동시에 진행되기 때문이다.

이 문제를 해결하는 방법은 간단하다. '아이디어' 회의와 '의사 결정' 회의를 분리하면 된다. 이렇게 하면 아이디어의 양이 늘어나고 회의 시간 자체도 11퍼센트 절약할 수 있다.

'아이디어' 회의에서는 어디까지나 아이디어를 최대한 많이 내도록 한다. "뭔가 좋은 아이디어 없어?"라고 말하는 것이 아니라 "뭐든지 좋으니까 아이디어를 내보라"고 제안하는 것이다. 일단은 '하찮은 의견'이라도 모으는 것이 중요하다.

그리고 처음 내놓은 아이디어를 칭찬하거나 환영하는 말을 하면 참가자들은 '저런 하찮은 아이디어도 괜찮은 건가?'라고 생각하고 자신들도 계속 아이디어를 내게 된다.

아이디어가 많이 나오면 의사 결정을 위한 재료가 모이므로 결과물은 자연스럽게 나온다. 이러한 일련의 회의를 진행하는 사람이 퍼실리테이터(진행 촉진자)이다. 리더가 직접 맡지 않고 미래의 리더 후보를 지명하거나 매번 돌아가면서 맡으면 팀의 능력을 높일 수도 있다.

'의사 결정' 회의에서 중요한 점은 결정을 내려야 할 최소한의 인원만 참석해야 한다는 것이다. 이때 먼저 결정 방식을 확실히 정한 다음 회의를 진행한다.

다수결로 결정할지, 투자 대 효과를 기준으로 결정할지, 실현 가능성을 우선할지, 아니면 최고결정권자가 결정할지 등을 먼저 정하는 것이다.

리더는 무엇보다 불필요한 회의를 줄여야 한다. 의자에 앉아 있는 것이 목적인 회의는 과감하게 없애는 것이 좋다. 그리고 '의사 결정'이 목적인 회의와 '아이디어'가 목적인 회의를 동시에 진행하지 않는다.

'아이디어'가 목적인 회의에서는 참견하지 않고 어떤 의견이

든 받아들이는 자세를 보여야 한다. 그런 다음 '의사 결정'을 위한 회의를 열어서 명확한 기준에 따라 가장 적절한 아이디어를 결정한다. 이것이 상위 5퍼센트 리더가 주재하는 '성공하는 회의'다.

에필로그

상위 5퍼센트 리더처럼 행동하라

AI의 강점은 방대한 데이터를 순식간에 분석한다는 것, 그리고 인간이 찾아낼 수 없는 것을 꿰뚫어 본다는 것이다.

AI를 이용해 고속으로 처리하는 덕분에 우리의 크로스리버는 나를 포함해 전원이 주 4일 근무를 계속하고 있다. AI는 인사 전문가가 발견하지 못했던 상위 5퍼센트 리더의 특징을 찾아냈다.

이 조사를 하기 전까지만 해도 리더 후보나 회사 외부에서 높은 평가를 받는 각 기업의 리더들은 단지 교섭력이 뛰어나고 팀원을 강력하게 이끌어나가는 사람 정도로 생각했다.

그러나 AI는 그들에게 '의욕에 의지하지 않고 행동을 계속할 수 있는 시스템'을 꾸준히 만들고, '사전 조정을 구조화'해 사람들을 끌어들이는 힘을 발휘하며, 약한 모습을 드러내서 인맥을 구축하는 등 의외의 특징이 있음을 밝혀냈다.

2020년부터 코로나 팬데믹으로 세상이 혼란에 빠지고, 백신이 개발되었다 싶었으나 변이가 속속 나타나면서 완전히 해결될 전망은 보이지 않는 상황이다(2021년 7월 현재).

이런 상황에서 유연하게 변화해나가려면 행동의 선택지를 늘리는 수밖에 없다. 어디에서나 누구하고나 일할 수 있고, 복잡한 과제도 팀을 이뤄서 해결해나가기 위한 수단을 많이 준비해야 한다. 또한 그 다양한 수단을 자신의 것으로 만들려면 행동 실험을 거듭해 '틀'을 만들어나가는 수밖에 없다.

그들은 상황을 탓하지 않는다

각 기업의 상위 5퍼센트 리더는 행동 실험을 계속하면서 꾸준히 성과를 내고 있다. 그리고 상위 5퍼센트 리더의 행동 습관을 다른 사람들에게 적용한 결과 예상보다 높은 효과가 나타났다.

"텔레워크를 하면 제대로 관리할 수 없다", "코로나 바이러스로 어수선한 상황에서는 성과를 내기 어렵다" 등 온갖 구실과 불평을 늘어놓는 리더들이 늘어나고 있다.

이런 세계적인 혼란이 찾아오리라고는 누구도 예상하지 못했지만, 변화에 대응하지 못하고 고전하는 리더를 보면 팀원들은 무슨 생각을 할까?

'내가 더 열심히 일해서 뒷받침해드려야겠다'고 생각하면서 분발하는 팀원이 있다면 운이 좋은 것이다.

"리더는 뛰어나야 한다", "리더가 뛰어나면 팀원들의 역량도 높아진다"고 하지만 이것은 결과론에 지나지 않는다. 운 좋게도 우수한 팀원이 있었을 뿐이다.

지속적으로 성과를 내는 상위 5퍼센트 리더는 약한 소리는 해도 다른 사람을 탓하지는 않는다. 자신의 힘으로는 통제할 수 없는 일에 대해 불평불만을 늘어놓은들 에너지만 낭비할 뿐이라는 것을 알기 때문이다. 그런 모습을 팀원들에게 보이면 팀원들도 동조되어 의욕이 떨어지고 만다.

상위 5퍼센트 리더는 이너 서클(inner circle, 영향력을 행사하는 내부 조직)을 지향한다. 외부 환경이 끊임없이 변화하는 가운데 자신이 통제할 수 있는 이너 서클 안에서 무엇을 해야 할지 생각하고 즉시 실행한다. 우수한 팀원이 우연히 나오기를 기다리지 않고 우수한 팀원이 나올 수 있는 시스템을 만드는 것이다.

상위 5퍼센트 리더는 팀이 이뤄낸 모든 성과가 자신의 실력이라고 생각하지 않는다. "운이 좋았다"고 말한 상위 5퍼센트 리더가 일반 리더보다 4.3배나 많았던 것은 운과 실력의 차이를 분별하기 때문이다.

자신의 힘으로 통제할 수 없는 영역에서는 순풍을 받을 수도 있고 역풍을 맞을 수도 있다. 상위 5퍼센트 리더는 역풍을 맞았을 때 부정적인 영향이 없도록 착실히 준비한다. 팀 내에서 한 조를 이뤄 한 명이 일할 수 없는 상황이 생기더라도 나머지 한 명이 충분히 공백을 메울 수 있는 시스템을 만든다.

에이스급 인재의 방식을 수평적으로 전개할 수 있도록 팀의 방침을 만들고 신입 사원이 그것을 따라 해서 어느 정도 성과를 낼 수 있게 한다. 성과를 내지 못하는 팀원은 잘하는 부분을 더욱 성장시켜서 다른 팀원을 보완할 수 있게 만든다. 팀원의 강점과 약점을 파악하고 그것을 결합해 팀의 성과를 최대한 높이는 것이다.

의욕이 있느냐 없느냐, 운이 있느냐 없느냐, 우수한 인재가 있느냐 없느냐 등의 불확실한 요소에 의지하지 않는다. 의욕이 없어도 행동을 계속할 수 있는 시스템을 만들고, 우연한 발견이 필연적으로 찾아오도록 정보를 수집하며, 개인의 능력에 크게 의존하지 않는 인재풀을 구축한다.

이처럼 변화에 유연하게 대응하며 살아남는 상위 5퍼센트 리더는 탄력적인 인재라고 할 수 있다. 용수철처럼 유연하게 늘어나고 줄어듦으로써 변화에 대응하고, 설령 무엇인가 실패하더라도 원래의 상태로 복귀한다.

상대방에 맞춰 커뮤니케이션 방법을 바꾸고, 상대방을 관찰해서 마음이 전해지는 커뮤니케이션을 하며, 전달하는 것이 아니라 행동하도록 유도하는 것을 목표로 대화를 나눔으로써 좋은 인간관계를 맺는다.

상위 5퍼센트 리더의 탄력적인 행동은 어느 정도 공통점이 있으며 다른 사람들도 충분히 따라 할 수 있다는 사실이 실험을 통해 밝혀졌다.

물론 모두 재현할 수 있는 것은 아니지만 적어도 처음부터 시작하기보다는 그들을 흉내 내는 것이 훨씬 효율적이고 빠르게 성과를 낼 수 있는 방법이다.

변화의 중심에서 행동하라

새로운 행동에는 반드시 단점이 동반하게 마련이다. 그러나 단점만을 신경 쓴다면 아무것도 할 수 없다. 단점보다 장점이

크다면 행동해야 변화 속에서 살아남을 수 있다.

상위 5퍼센트 리더도 같은 행동 방침을 가지고 있다. 그들은 성공 확률이 높다기보다 성공할 때까지 작은 실패를 거듭한다는 것이 더 정확한 표현일 것이다. 성공 확률을 단숨에 높일 수는 없으므로 실패 확률을 낮추면서 자기성찰을 통해 행동을 수정하는 과정을 성공할 때까지 계속 반복하는 것이다.

여러분도 회의나 자료 작성, 데이터 체크나 주간 보고서를 작성하는 데 시간을 쓰고 있을 것이다. 기업에서 정사원으로 근무하고 있다면 안정된 삶이라는 망상 속에서 오로지 눈앞의 업무를 처리하고 있을지도 모른다.

나는 일이란 사회에 공헌할 수 있는 활동이라고 믿는다. 어떻게 일해야 할지를 고민하는 모든 사람들에게 용기를 북돋우고 최대한 빨리 성과를 낼 수 있는 업무 기술을 전달하고 싶다. 그들에게 일하는 보람과 행복을 조금이라도 더 제공할 수 있다면 기쁠 것이다.

앞으로도 변화는 계속된다.

더 빠르게, 그리고 더 많은 행동 실험을 해나가야 한다. 이 책에서 소개한 상위 5퍼센트 리더의 행동 실험 결과를 참고하면 적어도 실패 확률은 낮출 수 있을 것이다. 행동할 수 있는 선택지를 늘리기 위한 지름길을 제공하는 것이 이 책의 목적이다.

회의를 시작할 때 처음 2분 동안 잡담을 하는 규칙이라든가 온라인 참가자의 웹 카메라를 켜게 하는 방책 등 지금 당장 시도해볼 수 있는 것들도 많다. 이 책의 목적은 단지 아는 것이 아니라 행동하게 만드는 것이다. 우연히 손에 든 이 책을 계기로 외부의 변화에 지지 않고 지속적으로 성과를 낼 수 있는 시스템을 만들기 바란다. 우연한 만남이 필연적으로 찾아오게 할수 있는 것은 여러분의 행동뿐이다.

성공을 향해 변화를 일으키자.

스트레스에 짓눌릴 때도 있지만, 여러분의 감상과 피드백, 그리고 SNS의 댓글이 내가 일하는 보람이다. 여러분에게 받은

일하는 보람을 바탕으로 조사와 행동 실험을 계속해 여러분의
행복도를 높여갈 것이다.

행동 없이는 변화도 없다.
변화 없이는 행복도 없다.

이 책을 읽고 상위 5퍼센트 리더의 행동을 실천하는 모든 사
람들에게 성원을 보낸다.

고시카와 신지

상위 5퍼센트는
어떻게 리드하는가?

초판 1쇄 인쇄 | 2024년 05월 10일
초판 1쇄 발행 | 2024년 05월 15일

지은이 | 고시카와 신지
옮긴이 | 김정환
펴낸이 | 정서윤

편집 | 추지영
디자인 | 정태성
마케팅 | 신용천
물류 | 책글터

펴낸곳 | 밀리언서재
등록 | 2020. 3. 10 제2020-000064호
주소 | 서울시 마포구 동교로 75
전화 | 02-332-3130
팩스 | 02-3141-4347
전자우편 | million0313@naver.com
블로그 | https://blog.naver.com/millionbook03
인스타그램 | https://www.instagram.com/millionpublisher_/

ISBN 979-11-91777-68-0 03190

값 · 18,000원